나이든다는 것
과
늙어간다는 것

GELASSENHEIT
WAS WIR GEWINNEN, WENN WIR ÄLTER WERDEN
by Wilhelm Schmid

나이든다는 것
과
늙어간다는 것

빌헬름 슈미트 지음 · 장영태 옮김

책세상

차례

일러두기

1. 원서에서 이탤릭체로 강조한 부분은 글씨 위에 점으로, 색글씨로 강조한 부분은
    색글씨로 표기했다.
2. 각주는 이해를 돕기 위한 옮긴이주다.

들어가면서

처음에는 단지 하나의 현상, 단순한 관찰 대상에 지나지 않았다. 그 현상은 나에게 엄청난 놀라움을 주었고, 그 관찰 대상은 나를 지속적으로 그것에 몰두하게 했다. 쉰 번째 생일이 눈앞에 다가왔을 때, 내게 생각할 거리를 던져준 주제인 나이듦Älterwerden에 대해 처음으로 강연을 하게 되었다. 강연이 끝나자마자 나이든 청중들이 나에게 말을 걸어왔다. "멋진 강연이었습니다. 하지만 젊은 선생님이 모든 걸 다 알 수는 없겠지요!" 사실 그 강연에서 이야기했던 것들은 나이들면서 내가 직접 경험한 것들이 아니라 나이들어가시는 내 어머니를 보면서 얻게 된 깨달음이었다. 어머니에게는 대체 어떤 평정심이 있기에 그렇게 많은 사람들과 확연히 다른 인생을 살았는지 나는 늘 감탄스러웠다. 나는 여기에 그치지 않고 어깨너머로 어머니를 바라보며 가능한 한 많은 것을 배우려 했다. 언젠가 나에게도 필요할 때를 대비해서 말이다. 평정은 어디서 왔을까? 먼 미래의 일이라 할지라도, 내가 과연 그것에 다다를 수나 있을까?

앞선 나이듦에 관한 그 강연에서 우스갯소리 하나를 했다. '나이듦Älterwerden'에서의 '더 나이든älter'은 '나이든alt'의 비교급인데, 사람들은 '나이들었다alt sein' 대신에 '더 나이들었다älter sein'라는 말을 더 좋아하지 않던가? 내 나이 예순이 되면 기꺼이 나는 내 스스로 '더 나이들었다' 하지 않고 '나이들었다'라고 말할 것이라며 큰소리를 쳤다.*

그렇지 않아도 나이듦을 다루는 문제는 곧 없어질지도 모르는 '노년이라는 시기'에 대한 그저 하나의 역사적인 회상에 지나지 않게 될지도 모른다. 온 세상의 연구자들이 노년이라는 시기를 없애기 위해서 열심히 연구해왔기에 말이다. '노년'을 체험할 수 있는 마지막 사람들 중 한 사람으로서 나는 어떤가. 나는 나이가 들어가는 것을 기꺼이 그대로 받아들일 준비가 되었다고 말할 수 있다. 그렇게 하는 데 온 힘을 기울이고, 가능한 한 늘어가는 나이와 더불어 태연하게 살려고 한다. 즉 나이가 든다는 것을 단순하게 받아들이고 그것에 맞서지 않으며, 아름답게 채색하지도 폄하하지도 않고, 삶의 편익과 어려움, 아름다움과 처참함이 만들어낸 스펙트럼 속에서 나이들어가는 것을 인식할 수 있도록 준비하고 있다. 나는 분홍빛 렌즈의 안경도, 그렇다고 검은 렌즈의 안경도 아닌, 최대한 투명하게 볼 수 있는 안경을 통해 나이들어가는 것을 인식해내기 위해 기꺼이 준비하고 있다. 왜냐하면 사물에 대한 분별 있는 시각은 나이들어

● 독일어 älter는 '늙은, 나이든'을 뜻하는 형용사 alt의 비교급으로, 비교문장에서는 당연히 '더 늙은, 더 나이든'을 의미한다. 그러나 비교의 대상이 없을 때에는 '꽤 나이든'의 의미를 가진다. 즉 alt보다 오히려 나이를 덜 먹은 상태를 의미한다. 저자는 독일어 비교급의 이런 이중적인 용법을 익살스럽게 응용하고 있다.

가는 삶이 주는 각별하고도 크나큰 특전이니까!

그러는 사이 내 나이 예순에 이르게 되었다. 나이가 든 것이다. 사실, 이것은 나에게 있어 간단한 일이 아니다. 나는 참을성 많은 사람이 못 된다. 예순 번째 생일에, 정말 근사했고 더 이상 누릴 수 없게 되어버린 50대와의 작별로 인한 커다란 비애가 나를 엄습해왔다. 10년 전, 앞으로 맞게 될 세월에서 내가 기대한 것은 아무것도 없었지만, 그런대로 그 자체로 뭔가가 있었던 나의 40대와 작별을 해야 한다는 사실이 이미 내 마음을 어둡게 했었다. 물론 그것은 그저 숫자에 지나지 않는다. 그러나 이러한 작별들은 기척도 없이 슬그머니 다가와 불현듯 현실을 깨닫게 해주는 신호가 된다. 즉 과거의 시간은 무너졌고, 다가오는 시간은 흔들리며, 죽음은 내게 더 가까이 다가선다. 이에 마음의 각오를 한다 해도, 그것이 점점 더 어찌해볼 수 없는 현실이 되어갈 때는 내가 어떤 생각을 하게 될지 알 수 없다. 나이듦을 무시하라고 부추기는 격언들은 그 효력에 한계가 있다. 우리는 스스로 느끼는 만큼만 나이를 먹는가? 아니다. 대부분 그보다 더 나이를 먹는다. 이런 사실을 깨닫는다고 해도, 우리의 감정은 아무것도 변화시켜주지 않는다. 오히려 정반대다. 감정은 그 사실을 속여서 모르는 척하도록 할 뿐이다. 물론 모든 착각이 다 나쁜 것은 아니다. 그러나 속 편한 격언에도 불구하고 진리에 대항해서 어떻게 해볼 도리가 없게 되면, 결국 환멸만 더 커지게 된다.

오랫동안 나는 노년을 볕 좋은 '테라스에서의 삶'으로 상상해왔다. 테라스의 편한 의자에 몸을 기대고 앉아 나 자신과 세상을 만족스러워 하면서 지나온 먼 곳을 평온하게 돌아볼 수 있는 테라스에서의 삶 말이다. 그러나 내게는 지금까지도 이런 테라스가 없다. 따라서 그 외의 것도 없다. 단지 확실한 것은 내가 조롱의 대상이 되면서까지도 젊은 채로 남아 있으려 하는 노인들 가운데 한 사람이고 싶지는 않다는 것이다. 나는 자신의 사그라지는 인생에 대한 울분을 피어나는 생명에 분풀이하는 그런 '분노의 노인'은 결코 되고 싶지 않다. 나는 전투복 차림으로 출동하는 그런 노인이 되고 싶지 않다. 매사 실수투성이인 젊은이들에게 노년의 공격을 위한 마지막 힘을 쏟아내기 위해 항상 자신이 옳다는 것을 스스로 확신하는 결연한 눈빛으로, 그렇게 나서고 싶지는 않다. 확언하건대, 이 젊은이들은 언제나 옳다. 설령 그렇지 않더라도 나는 그들이 옳다고 해야 한다. 그들은 그들 자신만의 고유한 경험을 만들 수 있는 세상의 모든 권리를 다 갖고 있다. 그것이 설령 좋지 못한 경험이라고 할지라도 그로부터 뭔가를 배우게 될 것이다.

　사람은 스스로 받아들일 수 있는 진실만 있어도 평정을 잃지 않고 침착하게 살아나갈 수 있다. 그렇지 않으면 분명 실제로 존재하지만 허위라 불리는 것들을 부정하는 데 온 힘을 쏟아야 한다. 나이듦의 진리 중 하나는 다른 어떤 것보다 이런 나이듦의 과정이 덧없음과 맞닥뜨린다는 사실이다. 나이듦이 허무하고 덧없긴 하지만, 현대에 와서 이로 인해 불쾌한 일이 일어난다. 모든 것을 기술적으로 제조해내는 일이 가능해졌기 때문이다. 그런데 영원한 청춘은 왜 안 된다는 말인가? 나도 영원한 청춘을 원할지 모른다. 그러나 그런 인생이 어떤 인생이겠는가? 바라건대 내 인생도 두루 긍정적이고 편안

했으면 한다. 하지만 바로 그런 바람 때문에 부정적인 것과 불쾌한 것이 더 큰 문제로 변하는 것은 아닐까? 나는 나이듦에 맞서 싸우느라 모든 힘을 낭비하는 대신, 주름살에 새겨진 삶을 자신 있게 마주하고 싶다.

전에는 너무나 당연했던 것에서 일종의 기술을 만들어내기 위해 저마다의 나이에 걸맞은 인생을 배우는 일이 새로운 과제가 되었다. 노화 방지Anti-Aging 대신 노화의 기술Art of Aging. 나이든다는 것에 맞서 살아가는 대신 나이가 들어가는 것을 긍정하고 그것과 함께 살아가기 위한 나이듦의 기술. 멋지게 나이들어가기 위한 삶의 기술들은 저마다의 자기 방식으로 자극을 줌으로써 인생이 아름답고 긍정할 만한 가치를 지닌 채 잘 흘러가도록 도와줄 수 있다. 설사 이 시기 낱낱의 고유한 삶은 그렇지 못하다 하더라도, 전체로서의 삶이 잘 유지될 수 있게는 해줄 것이다.

삶의 기술은 오래전부터 내 삶의 주제이다. 나에게 그런 기술이 있어서가 아니라 나에게 필요한 기술이기 때문이다. 인생의 기술이라는 개념은 고대 철학에서 유래

한다. 의식적으로 영위된 삶이라는 의미에서의 '인생의 기술Kunst des Lebens'은 고대부터 그리스어로는 'techne tou biou, techne peri bion', 라틴어로는 'ars vitae, ars vivendi'라고 불렸다. 관용적인 언어 사용에서 보자면, 삶의 기술이라는 말에서는 '근심 걱정 없이 편안하게 살아가기'라는 의미가 자주 포착된다. 기술이라는 단어에 내포된 굉장히 특별한 노력은 이러한 기술을 활용하고자 하는 모든 사람에게 하나의 선택 사항일 뿐, 결코 필수 사항은 아니다. 보다 수준 높은 다른 선택 사항이 있다면, 그것은 사유하면서 생기는 삶에 대한 새로운 방향 감각이다. 내 삶의 방향성에 대해 끊임없이 의식하고 고민하는 것은 가능하지도 않을뿐더러 꼭 필요한 일도 아니다. 이따금 생각을 꺼내보는 것으로 충분하기 때문이다. 예컨대 나이듦과 관련해서 '나이든다는 것은 무엇을 의미하는가?' '그것은 어떻게 진행되는가?' '나는 이 순간 어디에 서 있는가?' '나에게 무엇이 다가오고 있는가?' '나는 그것에 대해 어떤 준비를 할 수 있는가?' '무엇이 내게 가능한 일이며, 무엇이 그렇지 않은가?'와 같은 생각들 말이다. 노년으로 향하는 이 시기만의 의미를 찾고, 삶에 의미를 부여하며, 의식된 삶을 영위하기 위한 심사숙고로서의 삶의 기술은 그럭저럭 단순히 살아가는 것이 의미 없고 즐겁지 않을 경우에 필요하다.

나이듦이 갖는 현대의 문제는 나이듦이 의미 없는 것으로 취급된다는 것, 심지어는 되도록 일찍 발견해서 노려낼 수 있을 때까지 단호하게 싸워야 할 병으로 여겨진다는 사실이다. 아무런 의미도 없는 것, 그래서 모든 수단을 동원해서라도 무찔러야 할 것으로 나이듦을 해석하는 것은 영원히 젊은 자아를 선전·선동하는 현대의 과잉된 자아중심주의가 낳은 폐해일 수 있다. '젊음은 영원히(Forever Young, 알파빌Alphaville이라는 독일 밴드가 1984년에 발표한 앨범 제목이자 노래에서 끝없이 반복해 부르는 구절)'라는 바람 가득한 함성을 통해 영원히 젊은 자아에 대한 욕망이 표현되고 있다. 그러나 한 가지 해석만이 지배하기 시작하면 다른 해석이 등장할 필연성도 생긴다. 해석의 단일화는 삶을 위협하기 때문이다. 해석의 단일 문화들이 삶을 잠재우면, 그에 반하는 이견만이 그 삶을 깨울 수 있다. 변화된 또 다른 현대의 특징이 될 수 있는 것은 나이듦에 의미가 있다는 해석이다. 그것은 어떤 의미일까?

나이듦의 자연적 의미는 각자가 자기 삶이 끝나가고 있다는 사실에 차츰 익숙해지는 것일 수 있다. 이것은 인간이라 불리는 교만하면서도 민감한 작은 피조물에 대한 자연의 배려이다. 자연도 젊음은 영원히라는 원리를 알고 있다. 다만 자연은 현대 문명과는 아주 다르게 대응할 뿐이다. 자연은 생명을 소멸시키고 새로운 생명을 생성해내면서 영원한 젊음의 상태로 남아 있는 것이다. 자연은 단숨에, 이상적인 죽음이라 할 수 있는 일종의 단절을 통해 모든 생명을 종결시킬 수 있다. 그러나 이러한 죽음이 많은 생명에게 실현되지 못한다. 왜냐하면 자연은 나이듦이라고 하는 느긋한 과정을 선물하기 때문이다. 생명의 성장을 돕고, 경험을 이어 전달하며, 새로운 경험도 만들어내기 위하여, 시간은 그렇게 머문다. 이 관점에서 본다면, 산다는 것은 꽃에 비유해 이렇게 말할 수 있다. 물론 꽃마다 차이는 있지만, 가능한 한 오랫동안 저 자신과 다른 꽃들을 위해 계속 피어 있다가 지는 것에도 역시 동의한 것이라고. 삶을 찬미하기. 삶이 지속되는 한 자신의 삶과 자신의 삶을 뛰어넘어 모든 삶을 찬미하기. 삶의 성숙한 충만을 경험하기. 그리고 삶의 시간적 한계를 의연하게 받아들이기…. 나는 과연 그럴 수 있는가?

나이듦에 부여될 수 있는 문화적 의미는 지금의 삶을 좀 더 수월하고 풍성하게 해주는 정신적 원천을 발견하는 데 있다. 마음의 평정Gelassenheit이 그러한 원천 중 하나이다. 마음의 평정은 없는 것처럼 보인다. 현대사회는 인간들을 욕망으로 선동하고 교란하며 삶을 심하게 소용돌이치게 하고 있다. 그 결과 마음의 평정에 대한 사람들의 동경은 점점 더 커지고 있다. 마음의 평정은 기원전 4~3세기 그리스 철학자 에피쿠로스Epikuros의 아타락시아(ataraxia, 불안해하지 않음) 이래 서양철학에서, 그리고 마이스터 에크하르트Meister Eckhart의 내려놓음Gelazenheit 이래 기독교 신학에서 중요한 개념 중 하나였다. 그러나 현대에 와서 마음의 평정은 잊혔다. 마음

의 평정은 격렬한 행동주의와 과학·기술적 낙관주의의
희생물이 되었다. 적극적 행동과 과학기술의 낙관을 받
아들이지 않는 것은 미덕에 어긋나는 일이었다. 그 자리
에 들어선 가장된 태연함은 마음의 평정이 주는 인간적
인 따스함과 깊이에 대한 회상을 여전히 일깨운다. 과거
에만 해도 마음의 평정은 적정한 때가 되면 얻어낼 수
있는 것처럼 보였다. 그때란 상당히 나이가 든 시기를
말한다. 하지만 나이가 더 들어갈수록 마음의 풍랑 역시
더 거세지고, 마음의 평정은 더 이상 쉽게 얻어지지 않
는다. 어떻게 하면 마음의 평정을 다시 찾아올까? 점점
고령화되어가는 이 사회가 어떻게 하면 더 침착한 사회
가 될 수 있을까?

　나는 마음의 평정을 가지고 있지 않다. 그러나 나에게
마음의 평정은 추구할 만한 가치가 있는 것이다. 멋진
인생을 살아가기 위해서 말이다. 마음의 평정은 확실히
인생의 모든 단계에서 얻어야 할 하나의 수확이다. 특히
삶이 더 각박해지고 곤궁해지기 쉬운 나이든 시기라면
더욱더 추구해서 얻어야 할 것이다. 마음의 평정을 얻는

다는 것, 그것은 어쩌면 나이가 들어가면서 비로소 가능해지는지도 모른다. 다시 말해, 인생 전체를 걸 만한 중대한 일도 없고, 그럭저럭 삶의 균형도 이루며, 경험이라는 재산도 늘어나고, 시야가 넓어지면서 인간과 사물에 대한 평가도 한층 더 정확해지는 때가 되어서야 좀 더 수월하게 침착할 수 있는 법이다.

나는 관찰, 경험 그리고 심사숙고의 결과를 바탕으로 마음의 평정에 이르는 10단계를 찾아내 보기 위해 이 책을 썼다. 여기서는 침착한 평정이 중심을 이룰 것이고, "내가 얼마나 침착한지 보시오" 하며 자랑하는 듯한 도전적인 평정을 논하지는 않을 것이다. 또한 평정을 단순히 선포하지 않을 것이며, 남녀 독자들과 함께 생활 속에서 평정에 이르는 실천적인 길을 찾을 수 있도록 논의할 것이다. 이러한 과정의 첫 단계는 제각기 다른 인생의 각 시기들에 대해 생각해보는 준비 과정이고, 그 다음은 늙음과 나이듦에 대한 논의를 더 원만히 시작하기 위해 그 시기의 특성들에 대한 이해를 넓히는 것이다.

01

시기
\

인생의 단계

인생이란 과연 무엇일까? 강렬하게 느낄 수 있지만 전혀 그렇지 않은 그 무엇, 얼핏 보면 언제나 똑같지만 전혀 다르게 보이는 그 무엇, 종종 극단적으로 변화무쌍해 보이지만 다시 보면 순전히 습관인 그 무엇, 그것이 인생이다. 삶은 우리에게 쾌락과 행복을 가져다주기도 하지만 고통과 불행을 낳기도 한다. 더욱이 이들 사이의 배분이 정확히 어떻게 되는지는 아무도 모른다. 삶은 우리로 하여금 타인과 접촉하게 하고 관계 또한 맺게 만들지만, 어느 순간 이 모든 것을 다 부질없게 만들기도 한다. 삶은 우리에게 분별을 요구하지만 우리는 분별없이 그저 삶을 살아가게 된다. 이로 미루어 알 수 있는 삶의 특징은 양극성이다. 우리의 인생은 기쁨과 분노, 두려움과 희망, 동경과 환멸 같은 모순된 극단 사이에서 고동친다. 또한 생성과 소멸 사이에서, 그리고 유구한 역사속에서 이러한 인생의 희노애락을 어쩔 수 없는 운명으로 받아들인다. 확고하게 무엇인가가 생겨나고 소멸한다. 낱낱의 생성은 소멸과 결부되어 있고, 낱낱의 소멸은 생성과 더불어 일어난다. 나이를 먹는 것 역시 그렇다. 그러나 현대에 와서는 삶에 있어 양극성이라는 이러한 특성이 모호해졌다. 양극성을 지닌 삶과의 의연한 교류는 어떻게 새롭게 습득될 수 있는가?

삶의 각 시기가 가지는 특성들을 올바로 평가하기 위해 서로 다른 여러 삶의 시기들을 살펴보는 것은 여러모로 도움이 된다. 이 삶의 시기들은 하루의 시기들과 비슷해 보인다. 예컨대 많은 사람들이 아침마다 경쾌하게 이불에서 빠져나오는가 하면, 누군가에게는 이것이 굉장히 어려운 일이다. 그러나 그다음에 오는 여전히 젊은

낮에 대한 쾌감은 큰 경우가 많다. 즉 무한히 많은 시간을 뜻대로 쓸 수 있고, 활력 넘치는 가운데 실행할 일에 대한 기쁨 역시 커지며, 일상의 일거리들도 틈틈이 해결된다. 그러다 보면 나도 모르는 사이 정오의 휴식 시간에 이르게 된다. 그러고는 오후가 이어진다. 내가 원한다면 이 오후를 끝없이 오래 끌 수도 있다. 게으름이 그 자태를 드러내고, 피로가 사지를 마비시키며, 하품 나는 공허감이 예기치 않게 찾아온다. 이 공허감을 어떻게 참아낼 수 있겠는가? 하루가 종점을 향하고 있으며 이상하게도 아직 해야 할 일이 너무 많은 것 같다는 생각이 갑자기 들 때 이상적인 삶의 균형은 깨지고 만다. 그러나 두려워할 필요는 없다. 저녁 식사가 끝나면 이를 위한 하루의 여분이 남아 있다. 저녁이면 틀림없이 가정에서 혹은 친구나 친지와의 모임에서 대화의 필요성을 더욱 절실하게 느낀다. 그런 다음 마침내 우리는 노곤함을 느끼면서 잠에 스스로를 맡기는 일 말고는 할 수 있는 게 없어진다.

하루의 일과들과 마찬가지로 삶의 시기들도 사정은

비슷하다. 물론 좀 더 면밀하게 따져보면 사람에 따라 정도의 차가 크게 날 수 있겠지만 말이다. 삶의 각 시기들에 그것이 본디 차지하고 있는 시간만큼을 할애해주는 것이 마음의 평정으로 향하는 첫걸음이다. 인생의 4분의 1 시기, 즉 첫 분기는 하루 중 이른 아침에 해당된다. 잠자리에서 일어나는 것처럼 힘들기는 하지만 자기 생애의 첫 몇 해 그리고 첫 일이십 년을 맞는 젊은 사람에게는 수많은 가능성이 열려 있다. 그에게는 그 어떤 일도 일어날 수 있다. 유희와 음미吟味, 그리고 교육을 통해 저 나름대로 개척할 수 있는 무한한 가능성 안에서 그 젊은이는 자신이 영원히 살 수 있다고 느낄지도 모른다. 이것은 열린 지평선이라는 완전한 감정 속에서의 삶이며, 가능성 있는 능력의 시기이다. 이 시기의 "나는 그것을 할 수 있다"라는 말은 "내가 원하기만 하면 나는 할 수 있을 것이다"를 뜻한다.

'나이드는 일'은 삶이 시작된 순간부터 계속해서 일어난다. 때로는 거의 알아차릴 새도 없이, 때로는 갑자기 들이닥쳐 그에 맞춰 대응할 겨를도 없이 밀어닥치듯

삶의 각 시기들에
그것이 본디 차지하고 있는
시간만큼을 할애해주는 것이
마음의 평정으로 향하는 첫걸음이다.

나이들어간다. 모두가 알아차리지 못하는 사이, 우리는 어머니 배 속에서부터 이미 나이를 먹는다. 세 살배기 아이가 눈 깜빡할 사이에 여섯 살이 되고, 여섯 살짜리가 열두 살, 열두 살짜리가 마침내 열여덟 살이 될 것이다. 사춘기라는 격동의 시기를 관통하면서 나이듦은 마침내 지나온 세월에서와는 전혀 다른 윤곽을 가지게 된다. 어린아이들에게는 그다지 빠르다고 할 수 없는 속도로 일어났던 많은 일들이 젊은 성인들에게는 너무나 빠른 속도로 진행되기 때문에 마음의 평정을 위한 여지는 거의 없다. 이 시기의 많은 사람들은 이제 자신이 무엇을 원하는지 정확하게 알고 서둘러 진행하려고 하며, 또 다른 부류의 사람들은 여전히 시도는 하지만 이 시점에서 벌써 과거로 되돌아가고 싶어 한다. 스무 살 된 한 아가씨가 "나이를 더 먹는 것이 두렵습니다"라고 내게 말한 적이 있다. 경우에 따라서는 사춘기의 징후도 보이지 않다가, 불현듯 커다란 삶의 위기를 맞이하는 이들도 있다. 가능성들을 실현하기 위해 교제하고 활동하면서 겪게 되는 첫 번째 환멸들은 자칫하면 인생 일사분기의 위기]Quarterlifecrisis[애비 윌너Abby Wilner·알렉산드라 로빈스 Alexandra Robins, 《청년위기Quarterlife Crisis》(2001)에서 인용]를 초래한다.

인생의 첫 분기는 매우 많은 일이 일어나고 많은 것이 거의 수시로 실험의 대상이 되는 때이며, 이때 얻게 된 모든 경험은 앞으로 살아가면서 그 쓸모를 인정받게 된다. 인생의 두 번째 분기로의 이행은 끊임없는 변화와 함께한다. 오전의 후반부, 서른 번째 생일을 전후하여 '지평선이 오랫동안 그 모습 그대로 열린 채 머물러 있지는 않으리라'는 예감이 처음으로 떠오른다. 이러한 예감이 꼭 나이와 결부되어 있는 것은 아니다. 시간상의 편차는 크다. 그러나 두 번째 분기로의 이행과 함께 "어떤 계획들이 아직 실현 가능한가?"라는 질문이 처음으로 불쑥 떠오른다.

시간이 오래 걸리고 실행이 어려운 계획, 예컨대 새 가정을 이룬다거나 직업적인 목표를 달성하는 일이 중요해지는 시기가 되면 갑자기 시간이 부족하다고 느끼게 된다. 이때 외부의 압력보다 더 큰 것이 내적 압박이다. 결국에는 어떤 결정이든 내려야 한다는 내적 압박, 자신과 그리고 다른 사람들, 세계와의 관계를 고려하여 생각과 목표를 바꿔야 하는 내적 압박 말이다. 이 단계를 특징적으로 나타내주는 것은 "내가 원하기만 한다면, ~할 수 있을 텐데"와 같은 가정법과의 작별이다. 이제는 실제 능력을 입증해 보여야 한다. 이제부터는 "나는 그것을 할 수 있다"라는 말이 더 긴 시간을 넘어 더 큰 난관을 뚫고 실제로 무엇인가를 실천에 옮긴다는 것을 의미한다. 이를 실천하면서 느끼는 감동은 본래 자신이 느끼고 있는 부담감보다 훨씬 크다. 생의 한가운데에 서 있다는 강렬한 느낌은 스트레스를 주기도 하지만, 그럼에도 불구하고 힘차고 억제할 길이 없어서 나이가 든다는 사실을 잊기 쉽게 만든다.

사람들은 전력을 다해 질주하면서 마흔과 쉰 사이, 하루로 치면 그날의 가운데를 가로지른다. 21세기 초의 현대사회라는 시공간적 배경을 기준으로 할 때, 수명이 여든이나 아흔 혹은 100세에 이른다는 것은 비현실적인 게 아니다. 이에 입각해서 생각한다면 40대인 사람들은 인생의 한가운데를 가로지르고 있는 것이다. 이제부터는 맞이할 햇수가 지나온 햇수보다 점점 적어진다. 나이듦은 접근 금지를 지키지 않아도 고발당할 염려가 전혀 없는 스토커처럼 한 사람의 뒤를 바싹 따라다닌다. 육체와 영혼과 정신이 새로운 삶의 단계에 자연스럽게 조화를 이루기 위해, 사춘기 적 겪었던 혼란을 상기시키면서 몇 해 동안 계속될 수도 있는 소란스러운 일들도 함께 생겨난다. 삶에 대한 감정이 진수성찬의 점심 식사 후 배가 부르고 다소 무기력해져 있는 것과 같은 그 시기에, 나이듦은 일종의 쇼크처럼 작용한다. 이 시기의 평정심은 자신을 변화에 맡길 준비 자세가 되어 있어야만 비로소 가능해진다.

중년의 위기와 갱년기를 겪으면서 삶에 대한 시각은 근본적으로 달라진다. "내 삶은 어떻게 될까? 나는 무엇을 이루고 싶어 했고, 그것을 위해 무엇을 할 수 있을까?" 오랫동안 이렇게 미래를 향했던 삶이, 앞으로 열려 있고 미래에 열중했던 삶이 차츰차츰 회고적인 삶으로 변한다. 앞쪽은 점점 더 좁아지고, 결과적으로는 마음이 과거로 돌려진다. "나의 삶이 어떻게 흘러왔던가? 지금까지 내가 무엇을 했으며 무엇을 이루었는가?"라고 묻게 되는 것이다.

젊은 시절에는 나이듦이나 죽음에 대해 무엇인가를 보고 듣는 데 관심이 없었다면, 지금은 억지로 떨쳐버리지 않는 한 이에 대한 생각이 나도 모르게 떠오른다. 자신만의 고유한 삶의 상황들이 변한다. 그리고 육체적이거나 영적인 새로운 경험들은 즉각적으로 삶과 세계를 대하는 관점에 영향을 미친다. 인간이라면 누구나 자신이 가진 시각과 분리돼 존재할 수 없으며, 각자의 삶의 정황과 노동환경, 경험과 인간관계로부터 영향을 받는다. 이러한 관점이 너무나 보편적이어서 다른 방향으로 생각하는 것조차 거의 불가능해 보인다. 설령 다른 연령대의 사람들, 예컨대 좀 더 나이든 사람들이나 좀 덜 나이든 사람들의 감정에 자신의 감정을 이입하고 그 마음속에 들어갔다 온 것처럼 생각하는 것이 가능하다고 할지라도 이들의 시각이 자신만의 고유한 것은 아니다. 이제 도달하게 되는, 이전의 것을 낡은 것으로 여기게 하는 시각 또한 확실히 제약되어 있다. 그러나 이 시각은 또 다른 삶과 생각에 관여한다. 삶의 한계성에 대한 지식은 확대된다. 그럼에도 불구하고 자기 삶의 한계가 어떨 것이라고는 확신하지 못한다. 왜냐하면 '내 삶의 한계'라는 것은 먼 장래에 겪게 될 일이며, 지금의 수많은 정보는 여전히 이론에 불과하기 때문이다.

02

특성

\

늙음과 나이듦에 대하여

나이듦에 있어서 마음의 평정으로 향하는 두 번째 단계는 이 삶의 국면이 가지는 특성들에 대한 지식을 습득하는 것이다. 즉, 마음의 평정을 가능하게 하는 변화에 대한 열린 관심 그리고 이 마음의 평정을 얻는 데 필연적으로 따르게 되는 도전에 대한 이해이다. 인생의 세 번째 분기는 오랫동안 활기로 가득 찰 수 있는 시간을 제공한다. 그 시간은 적게는 몇 년에서 많게는 몇십 년이 될 수 있다. 삶에 대한 기쁨으로 강렬해지지만, 삶의 가능성들이 줄어들고 있다는 인식 또한 심화된다. 나이

를 좀 더 먹게 되는 사람은 가능성들이 닫힐 수도 있다
는 것을 경험한다. 커다란 거부감이 일어난다. "이것이
전부였을 리가 없다!"고 말이다. 적지 않은 사람들이 지
금까지의 활동을 포기하고 현재 유지하고 있는 관계들
을 중단시키면서 '무엇인가 아주 새로운 것을 시작하기
위해' 상실된 가능성들을 되살리려 한다.

　인생의 오후에도 특수한, 그러니까 탁월한 능력이 있
다. 지금의 "나는 그것을 할 수 있다"라는 말은 그 이전
보다 더 많은 의미를 가지게 된다. 나는 일이 어떻게 진
행되는지 알고 있으며, 거기에 익숙한 나머지 자면서도
일의 과정을 조종할 정도라는 것을 의미한다. 나는 약해
져가는 힘을 이런 방식으로 붙잡을 수 있다(상쇄). 정신
력을 더 잘 조정할 수 있게 되었기 때문에 내 집중력은
도리어 향상되는 것 같다(집중). 내가 할 수 있는 모든 것
을 더 이상 다 하지 않아도 되고, 오히려 할 것만 가려내
서 일정한 목표를 향해 몰두할 수 있다(선택). 나는 내가
하는 일을 믿을 만하게 잘 설계해서 멋지게 실현할 수가
있다(낙관). 이러한 능력은 훌륭하거나 보잘것없음을 가

리지 않는 많은 경험들과 더불어 생긴다. 또한 계속해서 정교해질 수 있는 직감적인 능력의 문제다. 새로운 지식의 습득은 경험의 과정을 대체하는 것이 아니라 이를 보완해준다. 직업 세계에서는 기업들이 나이든 노동자들의 경험이라는 재산을 신뢰하고 그것을 기꺼이 활용하며, 더 나아가 젊은 노동자들에게 그 재산을 전수하는 일까지 훌륭하게 해내고 있는 것 같다. 최선의 경우는 젊은이들의 역동적이면서도 다양한 발상이 나이든 사람들의 경험이 빚어낸 신중함과 결합되는 것이다. 이러한 일이 사회 전반에서 생겨난다면, 그 사회의 노화 과정은 과열된 현대를 식히고 하나의 다른 현대를 끌어들이는 데 기여할 것이라고 생각한다.

인생의 세 번째 분기의 보다 큰 능력은 직업상에서만 국한될 것이 아니라 삶의 모든 영역들, 특히 타인들과의 조심스러운 교류에서도 발휘되어야 한다. 13세기의 스콜라철학자인 요하네스 에크하르트Johannes Eckhart가 마이스터라는 칭호를 얻었듯이, 나이듦과 함께 마침내 '인생의 마이스터Lebemeister'가 되리라는 희망이 있지 않은가? 그 안에 삶의 성취와 모든 삶의 기술의 목적이 들어 있는 것은 아닌가? 그러나 충분히 습득한 사람만이 대가大家가 된다. 그렇기 때문에 삶의 기술에 있어서 완벽한 대가는 있을 수 없다. 인생은 오히려 마지막까지 학습의 과정인 것이다. 대체로 새로운 경험과 도전, 사회적 변화와 기술적 성취들이 고려되어야만 한다. 삶의 학습에서는 그 어떤 것도 최후의 확실성에 이를 수 없다. 이것은 새로운 사실이 아니다. 이미 세네카Lucius Annaeus Seneca는 기원후 1세기에《인생의 짧음에 대하여De brevitate vitae》라는 글에서 확신을 가지고 이렇게 말했다. "사는 일은 평생을 두고 배워야만 한다Vivere tota vita discendum est."

　이제 배워야 할 것은 나이듦의 현저한 징후들을 잘 다루는 방법이다. 이 단계에서의 자기 친교란 나이들어간다는 낯선 현상과 친밀해지는 것을 뜻한다. 세 번째 분기가 진행되면서 우리는 다른 사람들의 노화 현상을 더 뚜렷하게 알아볼 수 있다. 자신이 나이들어가는 것은 어떤가? 머리카락은 더 가늘어지는 동시에 더 회색빛이 되고, 얼굴의 주름살은 더 도드라지며, 관절염의 고통은 더 잦아진다. 육체는 꾸준히 움직이지 않으면 여기저기 녹슬 수밖에 없다. 주름살은 나이듦의 고통스러운 동반 현상들을 완화해주는 하나의 소득이 되기도 한다. 하지만 나이듦이 가져다준 고통에 맞서는 이를 악문 투쟁은 싸우는 사람의 얼굴에 더 깊은 주름살을 남긴다. 새로운 관계를 시작하는 것은 더욱 어려워진다. 상대를 대하면서 느끼는 친밀감의 가치가 더욱 분명해진다. 우정은 의식적으로 가꾸게 된다. 한때 그토록 격렬했던 감정의 용솟음들은 어느 정도 진정된다. 삶은 그렇게 제 길을 따라 진행된다. 가끔은 지루함 같은 것도 생긴다. 모든 것은 이미 다 보아서 알고 있는 것이며, 새로운 것은 아무것도 없기 때문이다.

그러나 인생의 오후가 예측 가능한 시간 안에 끝나며 모든 것을 저녁으로 미루지 않는 게 더 좋다는 확실한 사실이, 내가 예순 살이 되면서 갑자기 명백해졌다. 오랫동안 나를 감싸고 있는 것처럼 느껴왔던 불멸성의 풍선이, 얼마 전부터 낌새를 내비치기는 했지만 결국에는 터져버린 것이다. 나는 이제야 내 인생의 가능성들을 알 겠다. 나는 그 가능성들을 낭비했던 것이다. 오랫동안 그 가능성들은 안개 속에 숨은 채 내 앞에 있었고, 이제 야 비로소 서서히 모습을 드러냈다. 많은 가능성들은 이 제 내 등 뒤에 있으며, 나는 내 의도나 노력과는 관계없 이 그 가능성들이 빚어낸 현실 속에서 살고 있다. 아직 도 다른 가능성들이 남아 있다면, 그 가능성을 실현하 기 위한 마지막 기회가 나타나기 시작할 것이다. 이전보 다 더 절실한 의문이 떠오른다. 나는 무엇을 고수하려고 하며, 무엇이 열린 채이고, 지금 무엇을 할 때인가? 나에 게 중요한 것은 무엇이며, 내가 더 이상 미루지 않아야 좋을 것은 무엇인가? 지금 다시 한번 인생을 근본부터 세차게 흔들어야 하는가? 다시 한번 스트레스를 받아 야 하는가? 나에게 얼마나 많은 시간이 아직 남아 있는 가? 아직 실현될 수 있는 계획은 무엇인가? 그처럼 빈틈 없이 변화하는 세계를 나는 어떻게 이해할 수 있을 것인 가? 나는 그렇게 할 힘을 아직 가지고 있는가? 아직, 얼 마나 오래?

이제 마음의 평정은 눈에도 잘 띄지 않는 짧은 단어 '아직'과 친숙해지는 것을 의미한다. 아직이란 말을 자주 사용하는 것은 분명 나이들고 있다는 사실을 환기시킨다. "당신 나이에 비해 아직 훤해 보입니다!" "당신은 아직 건강하군요!" "굉장하네요, 그걸 아직 암산으로 해낼 수 있다니요!" "멋있습니다, 옷을 아직 젊게 입으시네요!" "아직 만사 오케이지요?" 이런 말들에 대해 기분 나빠하지 말기를 바란다. 결코 악의를 가지고 한 말은 아니다. 이 말이 당신에게 위안이 되고 격려가 되며 용기가 되었으면 한다. 그리고 아직은 그렇지만, 계속 그렇지는 않으리라는 것도 분명한 사실이다. 어쨌든 모든 측면에서 여전히 '아직'의 시기이다. 아직은 수다를 떨기 위해 친구를 전화로 불러낼 수 있다. 아직은 적절하게 누군가의 잘못을 용서해줄 시간이 남아 있다. 누구에게든, 어떤 일에 있어서 무엇인가를 되돌려주고 감사를 표하는 일도 아직은 가능하고, 어쩌면 그렇게 해야만 할 일이 아직 남아 있다.

나는 자주 있었던 일들, 예를 들자면 놓쳐버린 기회들

과 고통스러운 상실들 혹은 활용했던 기회들과 운명적인 만남같이 아주 어려웠거나 멋졌던 경험들을 회상해본다. 현재가 더 어둡게 느껴지기 때문에 과거의 경험들이 그 한때보다 지금 더 밝게 빛난다. 더 이상 그전만큼 힘을 마음대로 쓸 수 없다는 경험은 모든 삶이 명확하게 힘의 점진적인 상실이라는 점을 시사한다. 여전히 모든 수단을 다해서 육체와 영혼과 정신으로 하여금 스스로가 더 이상 도달할 수 없는 성과를 내도록 혹사시키는 것은 그나마 남아 있는 힘조차 더 빨리 소진시켜버리는 결과를 초래한다. 간혹 꽤 상당한 기간 동안 기력이 좋아지기도 한다. 그러나 전체적으로 보면 고양이한테 잡힌 쥐가 집 계단을 넘어 높은 곳으로 끌려가면서 "높이 오르는군" 하는 경우처럼 되고 만다.

　이러한 단계는 오래 지속될 수 있다. 복지사회에서는 예전보다 훨씬 더 많은 사람들이 인생의 세 번째 분기를 끝맺지 않은 채 지속하곤 한다. 그러다가 어느 시점부터 인생의 네 번째 분기가 이어진다. 이 네 번째 분기가 이전에는 세 번째 분기의 마지막 부분이기도 했다. 민첩

했던 나이가 지나고 연약한 나이가 된다. 일흔다섯 혹은 여든 또는 그 이후부터 나이듦은 급격해지는 것이다. 이 시기가 되면 큰 손실을 입어 이것을 잘 다루어야 하는 이들과 이제야 비로소 큰 후광을 얻은 사람들의 사이가 가위의 넓은 입처럼 벌어져 있다. 그렇지만 멈춤 없이 서서히 또는 갑작스럽고 고통스러운 무너짐과 함께, 과거의 탁월했던 능력이 언젠가는 모든 능력의 침식 속으로 휘말려들게 된다. 그래도 여전히 지금 가능한 모든 일에 착수할 수 있겠는가? 이미 다 지나간 일이다. 능수능란함은 점점 사라지고 가능성들은 줄어든다. 마침내 고령이 되면 이 인생에서 '알몸의 현실'이라는 단 하나의 가능성만이 남게 된다. 그것은 이 세상에서 내 존재가 사라지기 전까지 오랫동안 지속될 수도 있다. 한때는 하나의 시구詩句처럼 '인생의 황혼기'라고 불렸던 시기가 있을 수 있는 여러 가지 이유로 침해를 받아 딱딱하고 무미건조한 산문散文처럼 되어버릴 수 있다. 그런 침해들을 극복하는 일에는 모든 사람의 도전이 필요하다. 그러나 현대 문명은 이에 대비한 준비를 그 누구에게도

시키지 않는다.

이제는 좀 더 느려지는 것, 내가 가진 힘을 경제적으로 분배하는 것, 스스로에게 관용을 베푸는 것, 어쩌면 그 이전보다 더 많이 홀로 있는 것, 살아온 인생을 곰곰이 생각하는 것, 그리고 더 이상 면 미래가 아닌 죽음을 떠올려보는 것을 배워야만 한다. 젊었을 때는 전혀 알 수 없었던 '애써 노력해야 할 것들'이 있다는 사실을 나이가 들면 알게 된다. 예컨대 점점 복잡해지는 첨단 기구들의 사용법을 이해하는 일, 생의 지난 시기에는 간단하게 건너뛰었을 낱낱의 계단을 디디는 일, 욕조에 들어가고 다시 나오는 일 등이다.

생애 첫 주기처럼 움직이는 능력, 즉 기동성이 다시 중요해진다. 그러나 일어서고 똑바로 걸을 수 있으며 장소를 옮기고 문자 그대로 한 걸음씩 혼자서 걸을 수 있게 되는 어린아이의 승리에 찬 경험과는 달리 나이든 사람은 우선 허리가 굽고 어쩌면 위치를 마음대로 옮기는 일조차 더 이상 수행할 수 없게 된다. 한때 그가 당당하게 거역했던 중력이 무자비하게 그를 아래로 잡아끈다.

살아온 인생을 곰곰이 생각하는 것,
그리고 더 이상 먼 미래가 아닌
죽음을 떠올려보는 것을 배워야만 한다.

줄어든 유연성과 더불어 반응속도도 느려진다. 운전면 허증을 더 이상 사용하지 않게 되는 정확한 시점은 언제 일까? 이렇게 작은 작별 하나하나가 아직은 어려울 수 있다. 그 과정에서 삶과의 커다란 작별이 감지되기 때문이다.

젊은 사람이라도 늙기 마련이다. 아마도 나에게 닥쳐올 상황들과 그에 상응하는 필요들을 떠올리고, 다음과 같이 묻는 일이 현명할지 모른다. 나는 어떤 환경에서 나이들기를 바라는가? 나의 집에서? 통원 관리를 받으면서? 필요할 때마다 간병인을 두고 가족의 보호를 받으면서? 비슷한 생활을 하는 다른 사람들과 함께 주거 공동체 안에서? 여러 세대가 함께 사는 곳에서? 노인주택이나 양로원이라면 정확히 어디서? 비용은 얼마나 들 것인가? 이를 위한 전제 조건들은 어떻게 해야 제때 충족될 수 있는가? 있을 수 있는 노인 질병에 대비해서 어떤 장소들이 마련되어 있나? 삶에서 큰 가치를 차지해 왔던 자율성이 나이들어감에 따라 언제든 나도 모르는 새 사라져버릴 수도 있다는 사실과 그로 인해 느끼는 감정들은 누구에게 토로할 수 있을까?

어느 누구도 노화가 어떻게 진행될지 스스로 결정할 수는 없다. 인생의 네 번째 분기에는 더욱 그렇다. 어느 누구도 뼈가 약해지거나, 우울증에 걸리거나, 치매 증세를 보이게 될 것이라는 결정을 내린 적이 없다. 허리가 굽고 몸이 작아지는 것을 원하는 이는 아무도 없다. 그러나 그런 일이 일어난다. 육체는 더 이상 재건되지 않으며 오히려 기능이 상실된다. 현대에는 인생의 속도에 보조를 맞출 수 없는 노인과 중년을 위한 공공 수용 시설 형태로 정당한 이유의 치외법권 공간들이 조성되어 있다. 이들을 깔아뭉개고 달려나가는 젊은이들과 이들 위를 넘어 굴러가고 있는 시계들로부터 이들을 보호하기 위해서, 그리고 모든 걸 고려한 결과 이들에게 더 이상 일을 맡길 수 없도록 하기 위해서, 그리고 이들을 고려할 필요가 없도록 하기 위해서 말이다. 건널목에서 비교적 중년, 즉 주니어-시니어인 내가 생각하기에도 너무 천천히 걷는다 싶은 노인들과 중년들을 나부터도 추월해버리고 만다. 어떻게 저렇게 천천히 걸을 수 있을까

라는 의문이 내 이해심 부족에서 나온 것이라 지적한다면 나는 이 부당한 지적을 받아들일 수 없다. 그들은 숨을 고르기 위해 잠시 쉬어간다. 그러면 나는 생각한다. '이 사람들은 진짜 나이가 들었구나, 나보다 더 늙었구나.' 하지만 나 역시 머지않아 그들 중 한 사람이 될 것이라는 사실을 결코 염두에 두지는 않는다.

동시에 나는 계단 위에서 단단히 버틸 수 있도록 나자신이 습관적으로 손잡이를 꽉 붙들고 있다는 사실을 알아차린다. 물론 무언가에 걸려서 비틀거리게 될 경우를 대비한 것뿐이지만, 내가 더 이상 그전처럼 첫 발을 능숙하고 고르게 내딛을 수 없으리라는 사실을 내심 알기 때문일 것이다. 나는 사용하려는 열쇠를 찾아 바지 호주머니를 뒤적거린다. 그러나 유감스럽게도 열쇠를 호주머니에 넣은 적이 없다. 오랫동안 그렇게 당연했던 감각기관들 역시 약해진다. 나는 잘 읽기 위해 몸에서 멀찌감치 거리를 두고 신문을 집어 든다. 누구도 안경을 낀 내 모습을 봐서는 안 된다고 생각한다면, 나 스스로 거리낌 없이 안경을 끼기 위해서는 아직 한참의 시간이 필요한 것이다. 누군가와 이야기를 나눌 때에는 그나마 좀 더 잘 들리는 귀를 눈에 띄지 않게 상대방 가까이 살짝 갖다 댄다. 보청기는 어떨까? 사는 동안에는 결코 아니다! 더 이상 모든 것을 다 들을 수 없다는 사실이 나를 성가시게 하진 않는다. 더 이상 모든 것에 반응할 필요가 없다는 것은 일종의 짐 벗기이다. 나에게 그러한 사실을 숨기려고 하는 다른 사람들의 짜증스러움이 기분 나쁠 뿐이다.

노인을 돌보는 사람들은 그 돌봄의 과정이 점층적으로 변화될 수 있다는 사실을 안다. 아동기에는 실존적으로 의존하는 타인의 보호를 받는 것에서 스스로 자신을 돌보는 것으로 이행하는 과정을 거쳤다면, 이제 노년은 자신을 돌보는 것에서 타인의 보호를 받는 역전된 이행에 놓인다. 우리는 여러 가지 면에서 늙음과 더불어 생애 초기로부터의 발전 과정을 다시 한번 통과하게 된다. 물론 역방향으로 말이다. 우리는 기저귀에서 벗어났다가 다시 기저귀를 사용하기도 한다. 떠주는 음식을 받아 먹고, 정리해주는 침대에 누우며, 이리저리 드라이브 봉사를 받는다. 전적으로 모두가 그런 것은 아니지만 적지 않은 사람들의 경우가 그렇다. 생애 첫 수년간 얻었던 공간과 시간에 대한 감정은 수년에 걸쳐 사라지고 만다. 아직 활용할 만한 마지막 힘이 고갈되면 별로 힘들지 않았던 일들이 힘들어진다. 나이듦에 대해 진지하게 생각해보면, '늙어간다'는 것보다 '나이가 들어간다'는 것이 더 중요해지는 것이다. 마음에 든 습관들은 나이가 들어가는 전체 과정에서 도움이 된다. 그런 습관들을 이용할 수 있는 사람들은 행복하다! 그런 습관에 자신을 맡길 수 있다는 것이 마음의 평정을 가능하게 해주기 때문이다.

03

습관

\

삶을 수월하게 살아가도록 해주는 것

나이를 먹어가면서, 아무리 늦어도 인생의 네 번째 분기에서는 더 이상 생활의 고유한 방식에 변화를 주지 않고 그 습관대로 살아가는 것이 최선이라고 생각한다. 사실 그전이라고 해도 고쳐서 익숙해지기란 어려운 일이다. 사람들은 모든 것에 걸쳐 익숙해진다. 너무 심하지 않다면, 심지어는 고통에까지도 익숙해진다. 그러나 그렇게 되는 데에는 시간이 필요하다. 그리고 나이가 들어가면서 마음 내키는 대로 활용할 수 있는 가능성이 옅어지기는 하지만, 힘 역시 필요하다. 습관의 의미는 바로 힘들이지 않고 그 안에 머물 수 있다는 것에 있다. 따라서 습관을 관리하는 것이 마음의 평정에 이르는 세 번째 단계이다. 나이가 들어가는 사람들은 자신의 습관에 집착한다. 그들은 삶을 반복해서 새롭게 구조화할 필요가 없도록 생존을 위해 습관에 의지하기 때문이다. 습관 때문에 다른 사람들을 화나게 하거나 자신에게 불리한 일이 생겨도, 어째서인지 그들은 자신의 습관을 쉽게 포기하지 못한다. 나이가 들어가는 시기라서 그런 걸까? 혹시 평생 그러는 건 아닐까?

어느 시기이건 습관은 삶을 영위하는 데 있어 중요하다. 현대에 와서는 습관이 그 존재감을 무시당하면서 겨우 명맥을 유지하고 있는데, 이런 사실은 습관의 중요성을 인정받는 데에 방해가 되고 있을 뿐이다. 그러나 습관이라는 건 재미가 없지 않나? 지루함은 현대 인간의 가장 큰 적이며, 언제나 똑같고, 기분 전환도 안 되며, 새로운 것도 아니다. 현대사회에 만연한 습관에 대한 적대감으로 인해 나이가 들어가는 사람들만 민감하게 타격을 받는 것은 아니다. 남녀를 불문하고 살아가는 데에는 후퇴의 가능성이 있다는 것, 끊임없이 발생하는 새로운 요구들을 낡고 익숙한 옷차림을 한 채 일시적으로 중단시킬 수 있다는 것이 얼마나 중요한지 알고 있다. 습관은 회복에 도움을 준다. 습관은 경험을 통해서 반복 가능성과 신빙성이라는 특징을 구축해왔기 때문이다.

삶의 기술은 습관 안에 이미 결정되어 있는 모든 것이 자신을 이끌도록 맡기기 위한 의식적인 장치이다. 사물들은 그 장치가 터놓은 길 위를 믿음직스럽고도 조용하게, 그리고 규칙적으로 지나간다. 이런 과정을 통해 습관은 당장 다른 것으로 바뀌지 않아도 되는 필연성을 얻는다. 이미 오래전에 자신도 모르게 진행된 것이 아니라면, 습관은 그런 필연성을 얻기 위해서 의도적으로 작동된다. 나는 내 두 발로 혼자서도 익숙한 길을 찾아낸다. 익숙하게 눈길을 신문에 던지면서 자연스럽게 아침 식사를 하고, 장을 보면서는 별 고민할 필요 없이 오랜 습관에 따라 진열대에 손을 뻗어 물건을 집어 담을 수 있다. 물론 모든 물건의 진열 위치가 바뀌지 않았을 경우에 가능한 일이기는 하지만. 토요일 아침에는 습관적으로

삶의 기술은 습관 안에
이미 결정되어 있는 모든 것이
자신을 이끌도록 맡기기 위한 의식적인 장치이다.

듣고 있는 왈츠 음악이 내게 활기를 불어넣어 준다. 일요일 아침 카페에 들른 나는 주문부터 하지 않아도 된다. 들어서자마자 종업원과 세상일을 논할 수 있기 때문이다. 저녁 식사 역시 준비 과정에 대해 깊이 생각할 필요 없이 거의 자동적으로 준비한다.

습관이 일상생활에서 어떤 역할을 하는지 의문이 드는 사람은 어렵지 않게 시험해볼 수 있다. 습관이라곤 조금도 없이 당신이 보내게 될 하루를, 예컨대 이느 일요일을 선택해보라. 그 결과, 습관 없이 지내는 것에 한계를 느낄 것이다. 눈을 뜨는 순간부터 깨어 있는 내내, 이 선택된 날의 모든 것은 결단이라는 문제에 봉착한다. 단순해 보일 수도 있지만, 예를 들면 문제는 이렇다. 당신은 침대에서 어떻게 일어나는가? 이렇게 전체적으로 영향을 미칠 수 있는 첫 단계는 당연히 조심스럽게 생각해야 한다. 왜, 무엇을 하려고, 내딛는 첫발은 어떤 쪽으로, 그리고 몇 시에? 이런 일을 생각하는 데 몇 시간이 걸린다. 그러고는 드디어 몸을 일으켜 세운 뒤에도, 상황은 그런 식으로 계속된다. 당신은 욕실에서 도대체 무

엇을 원하는가? 이런 일은 다만 의식儀式에 지나지 않는
다! 당신은 무엇을 준비하고 싶은가? 차 아니면 커피?
그것도 아니면 그 밖의 어떤 것? 익숙해진 것은 제외되
어 있다. 이 선택의 어려움을 이겨내자마자 이제 당신은
어떤 잔을 선택할지 결정해야 한다. 하지만 결정할 수가
없다. 왜냐하면 당신은 스무 개의 각기 다른 잔을 가지
고 있으니까. 당신이 그토록 좋아해서 자주 사용하여 분
명한 흔적을 남긴 그 어떤 잔은 문제의 대상이 아니다.
모든 것은 습관이며, 그 외 모든 것은 의문이다.

　　현대의 인간들은 끊임없이 부딪히게 되는 수많은 결
정 앞에서 습관이 유익한 작전타임을 가능하게 해준다
는 사실을 인정하기 꺼려한다. 습관의 덕으로 일상의 한
부분이 별다른 생각 없이 저절로도 잘 흘러가게 되면, 남
아 있는 힘으로 습관의 틀에서 벗어나 있는 다른 일상 영
역에 좀 더 집중적으로 자유로이 관여할 수 있다. 습관의
그물에 붙잡히지 않은 모든 것에 이제는 꼭 필요한 관심
을 쏟게 된다. 특히 매일 내리지 않아도 되는 결정들에
관심을 쏟을 수 있게 된다. 그러나 이때 고려되어야 하

는 모든 관점 역시 판단 형성의 습관에서 자유로울 수 없기 마련이다. 왜냐하면 통상적으로 어떤 결정이 내려지기를 기다릴 때의 머릿속은 혼란으로 가득할 뿐 확신이 지배하지는 않기 때문이다. 감각적인 힘을 충분히 가지고 결정을 내리기 위해서는 문제와 관련이 있는 인간이나 사물 그리고 관련된 모든 것의 특성들을 더 잘 알 필요가 있다. 하지만 이런 것들에 끊임없이 몰두한 끝에 나는 이들을 가장 잘 알게 되고, 그 결과 이들과의 교류가 나에게는 습관이 된다. 그렇지 않으면 나는 익숙하지 않은 것의 애매모호함 안에서 길을 잃고 말 것이다.

습관의 의미는 이를 훨씬 넘어 펼쳐져 있다. 사람들이 어떤 일 때문에 계속해서 고민할 필요 없이 '하나의 의미'를 짜넣을 수 있는 것은 바로 이렇게 익숙한 연결 고리들을 엮어서 만든 습관이라는 조직이 있기 때문이다. 인간은 습관 안에서 자신의 삶을 조정할 수 있고, 습관화 과정을 통해 일종의 거주지와 같은 본질적인 것을 이루고 있는 '주위 환경과의 친숙함'이 생성되는 것이다. 네 개의 벽으로 이루어진 공간이 거주지가 되는 것이 아니라, 그 공간 안에 그리고 그 공간을 에워싸고 전개되는 습관을 근거로 거주지가 형성되는 것이다. 새로운 거주지나 휴가지의 숙소 역시 네 벽으로 둘러싸여 있지만 내 거주지가 주는 안락함을 제공하지는 않는다. 안락함은 습관을 통해서 생긴다. 그리고 안락함이 생기자마자 그 장소와의 분리는 어려워진다. 인간들이 얼마만큼 습관의 그물에 의해서 지탱되며, 경우에 따라서는 붙잡히기도 하는지 개인적인 그리고 보편적인 역사의 흐름 속에서 알 수 있다. 크고 작은 재앙의 한가운데, 어려운 상황에서도 힘의 근원이 되는 리듬을 삶에 부여하는 바로 그 습관이 여전히 유지된다면 말이다.

네 개의 벽 안팎에서 습관은 낯설음을 극복할 수 있게 해주고, 친숙함으로 보살펴주기도 한다. 이러한 사실은 태도의 습관과 마찬가지로 보고, 듣고, 생각하고, 느끼는 습관 그리고 관계 안에서 형성된 공동의 습관 및 의식의 습관에도 적용된다. 심지어 발생하는 문제들도 습관에 좌우된다. 사람들은 자신에게 익숙해져서, 내 삶의 확고한 구성 요소가 된 문제들을 무조건 해결하려고 하지는 않는다. 무엇 때문에 무엇을 바꾸어야 하는가? 나이가 들어가고 있는 사람들은 자기 삶에 문제가 있다고 하더라도 무엇보다 익숙한 삶을 유지하려고 한다. 그렇게 하는 데 실패하게 된다면 길을 잃고 말 것이라는 생각에 두려워한다. 새로운 습관이 새로운 친숙함을 마련해줄 수도 있다는 것에 대한 이들의 믿음은 젊은이들보다 덜하다.

이러한 사실에서 습관을 존중하게 되는 것인지 모른다. 습관들은 공간과 태도, 사상과 견해, 문제와 감정 등에 걸쳐서 한 사람의 삶을 편하게 해주기 때문이다. 습관 안에 자신을 가두는 대신에 반복하여 문제를 경험하면서 이를 극복할 수 있다면 그 역시 바람직한 일일 수 있다. 그러나 그렇게 한다 할지라도 인생의 3분의 2 내지 4분의 3은 습관에 내맡겨질 수밖에 없는 게 일반적이라는 사실에는 아무런 변화가 없다. 비교적 젊은 사람들은 습관에 관심을 덜 가질 수도 있다. 그러나 사람은 나이가 들수록 삶을 꾸려가는 데 점점 더 습관이 중요해진다. 그리고 심지어 익숙했던 주변 환경이 변하면서 친밀했던 교류마저 잃는 경우 이미 습관이 된 어떤 관계가 해체되는 것 때문에 삶이 뿌리째 흔들리기도 한다. 이미 밴 습관들을 꼭 바꿔야 한다면 가능한 한 몇 가지 습관만이라도 유지하는 것이 중요하다. 즐거움을 누리는 것조차도 습관에 근거를 두어서 보호하고 장려할 수 있다. 다행스럽게도 나이듦과 함께 말이다.

04

행복

\

즐거움 누리기

살면서 겪었을 노고를 보상해주기 위해서 나이듦은 꽤 참을 만한 존재의 가벼움을 준비해두고 있다. 즐거움을 의식적으로 누리는 일, 이런 의미에서 행복을 체험하는 것은 마음의 평정으로 향하는 네 번째 단계이다. 열광적인 폭풍이 지나고 나서 이제 막 첫걸음을 내딛게 되는 소박한 즐거움이 이전과 비교해 더 반갑게 다가온다. 이 소박한 즐거움이 언제 끝날지 정해진 것은 아니지만 계속해서 누릴 수 있는 것도 아니라는 의식 때문에 더욱 소중해진다. 초봄 지빠귀가 노래하는 아름다운 곡조를 듣는 일, 온화한 여름날 저녁 바람결에 실려오는 갓 베어낸 풀의 향기를 맡는 일, 마른 가을 낙엽 사이를 천천히 걷는 일, 밖에 내리는 함박눈을 바라보면서 집 안의 온기에 오롯이 몸을 내맡기는 일 같은 것이 그것이다.

몸과 마음을 따뜻하게 해주고 정신에 날개를 달아주는 에스프레소를 조금씩 홀짝거리며 마시는 일 역시 소중해진다. 와인과 마찬가지로 커피 같은 문화적 상품에도 소박한 즐거움이 있는 것이다. 어중간한 커피를 마시기엔 인생이 너무 짧다. 연갈색 크레마의 향기, 짙은 검은색 커피 액의 맛, 카페인의 각성 작용이 즐거움을 준다. 인생이 기울어가고 있다는 점 때문에 슬퍼지지만, 아직은 내 인생이 오래 남아 있다는 것에 희망을 걸게 되는 것만으로도 이 즐거움들은 보답을 받는다. 많아지는 나이와 더불어 마시는 양에 대한 자제심도 커져야 하지만, 그것이 비애의 근거가 될 수는 없다. 많은 양의 커피가 별 반향도 없이 목구멍으로 쏟아져 들어갔던 이전과는 다르게 한 모금 한 모금이 한층 더 깊은 맛을 내기 때문이다. 마음의 평정이란 그러한 누림이 흘러 지나가도록 그대로 놓아두는 것을 의미한다. 향유를 위한 한층 더 의식적인 능력에 노년을 받아들이고 사랑하게 되는 근거가 담겨 있다. 왜냐하면 세네카가 《루킬리우스에게 보낸 편지Epistulae morales ad Lucilium》 중 열두 번째 편지에서 말하고 있는 대로 "우리가 노년을 활용할 줄 알면, 그 노년은 즐거움으로 가득 차기Plena est voluptatis, si illa scias uti" 때문이다.

　나는 커피를 즐기는 것 외에도 여행의 즐거움이 커지고 있다는 것을 느낀다. 새로운 삶에 대한 굶주림의 표현일까? 더 많은 목적지가 내 머릿속에 떠오르는 만큼, 이를 실행할 시간은 점점 더 줄어든다. 《죽기 전에 가봐야 할 1,000곳1,000 Places to See Before You Die》라는 제목의 베스트셀러가 있다. 그러나 재빨리 계산해보면 "죽기 전에 꼭 보아야 할 명소 1,000곳" 모두를 한 번씩 찾아가는 것은 더 이상 실현될 수 없는 일이라는 사실이 명백해진다. 그렇게 하는 것은 많은 돈과 스트레스, 계속해서 집 밖에 머무름, 재원과 나 자신의 기력이 때 이르게 바닥나게 되는 위험을 동반하는 일이다. 이런 일은 다른 사람들에게도 일어날 수 있을 것이다. "우린 이제 어디로 가야 할지 모르겠어요. 우리는 이미 모든 것을 보았거든요." 내가 기차 여행 중에 만났던, 주로 호화 여객선을 타고 여행 다녔다는 80세의 남자가 어딘가 모르게 다소 멍청해보이는 눈으로 자리를 함께하지도 않은 '우리'를 들먹이며 말한다. 그에게 남겨진 것이 더 이상 아무것도 없다는 것, 자신의 삶을 내다볼 아무런 전망도 없다는 것이 있을 수 있는 일인가? 그는 어떤 경우에든 과감하게 계속 말할 필요가 있다. "우리는 무엇을 위해서 절약하는가? 상속을 위해서? 그들은 그들에게 필요한 돈을 스스로 벌어야 마땅해!"

앞만 바라보았던 젊은 시절에는 별 관심을 두지 않았던 회상의 즐거움이 큰 의미를 가지게 된다. 지나간 것에 더 많은 관심을 쏟게 되는 시기에는 삶 가운데서 체험한 것과 얻어진 것이 향유의 대상이 된다. 회상에의 탐닉은 '삶이 어떻게 끝날지 몰라서 두렵다'는 확실한 사실에 더 이상 맞서 버틸 필요가 없을 때 더 즐거운 일이 된다. 결말은 잘 알려져 있다. 예컨대 필 콜린스Phil

Collins같이 나이들어가는 팝스타들이 즐겨 부르는 캐롤 킹Carole King의 노래〈고잉 백Going Back〉처럼 우울한 회상이라 할지라도 그저 고통스럽고 씁쓸하기만 한 게 아니라, 즐겁고 달콤할 수도 있다. 자신이 아직 젊었을 그때의 감정을 다시 일깨워주는 음악소리와 함께 향수에 젖는 것은 멋진 일이다. 수많은 라디오 방송국들은 이렇게 흘러간 노래들을 편성 선곡표에 올리고 있다. 이 흘러간 노래들은 현재가 점점 더 본래의 삶으로부터 멀어져가고 있음을 깨닫게 한다. 그러나 좋았던 자신들의 세계가 지나가고 말았다는 사실이 불러일으키는 비애와 함께 청취자들을 그 시절로 되돌아가게 해준다.

미래를 조금 먼저 떠올려 본 것이 이제 열매를 맺는다. 미래였던 것이 이제는 현재가 되었고, 현재였던 것이 이제는 과거가 되었기 때문이다. 나는 매우 과감했던 그러면서도 잘 처리했던 일들을 자랑스럽게 돌이켜 생각해본다. 이 일이 비참하게 실패로 돌아갔던 다른 일들을 강한 빛 속에 숨겨준다. 모든 것은 나였고, 현재의 나다. 그러나 이 모든 것 역시 진실인가? 하나하나의 회상은 내면에 저장된 과거들을 다시금 뒤적거린다. 이때 삶의 역사를 이루고 있는 많은 일들에 대한 회상은 때때로 일종의 허구이기도 하다. 이것은 삶에 얽혀 있는 실들을, '의미를 만드는' 하나의 기본 모티브로 모아 엮는다. 다른 사람이 귀를 기울이면 이것은 그를 격려하여 이야기가 되게 자극하고 재해석과 윤색을 북돋운다. 많은 것들은 부드러운 저녁놀 속에서 한층 따뜻한 색조를 띤다. 또한 시간적인 간격은 공간적인 거리를 떠오르게 한다. 사실적인 연관들을 구체적으로 그리다가 차츰 환상이나 허구적인 연관들로 넘어가게 그린 그림처럼, 이 공간적 거리에 대한 표상은 실존의 지평에서 과거 언젠가의 사건을 볼 수 있게 해준다.

노년에 오히려 더 강렬해지는 것은 대화의 즐거움이다. 어쩌면 자신과 다른 사람들을 위해 많은 것을 기록해두는 즐거움 역시 강렬해질 것이다. 이를 위해 더 많은 시간도 이용할 수 있다. 또한 수없이 많은 경험과 성찰을 다른 사람들에게 전달하고 그것을 이들과 함께 나눌 수 있기를 갈망한다. 밤으로 이어지는 저녁 하늘의 가장자리를 빗대어 말하자면, 이것은 인생의 황혼기이다. 이 황혼기는 사람들로 하여금 분위기 있는 한 모퉁이에 앉아서 서로 담소를 나누고, 일어난 일들과 생각들을 전하라고 자극한다. 다만 이때 중요한 것은 서로 번갈아가며 말하고, 너무 눈치 없이 같은 말을 반복해서 상대를 골탕 먹이지 않으며, 지금이 상대방은 아직 잘 알지도 못하는 이야기들을 그들이 흥미를 가질 것이라고 전제한 뒤 풀어놓을 마땅한 시점인지를 자문해보는 일이다. 영혼을 짓누르는 억압된 것들이 표면에 드러날 수도 있다. 그러나 아무도 들으려고 하지 않으면 대화는 실패하고 만다. 동시에 이 점이 나이듦이 가진 한 가지 문제처럼 보인다. 즉 무엇인가를 이야기하고 싶은 사람들에게 귀를 빌려줄 생각으로 기다리고 있는 이는 거의 없다. 저절로 생겨나고 있기도 하지만, 차례로 말하고 귀 기울여 듣는 담소 살롱이 이에 대한 하나의 해답이 될 수 있을 것이다.

노년의 섹스는? 젊음을 유지시켜준다. 2008년 독일의 안드레아스 드레센Andreas Dresen 감독이 발표한 〈우리도 사랑한다Wolke 9〉 같은 영화를 통해 섹스가 기존의 관념에서 벗어나 개방적으로 표현된 뒤, 섹스에 대한 놀라움은 사라졌다. 그 이전에는 누구도 이를 인정하지 않았다면, 그 후로는 섹스를 향한 욕망이 변하고 있다. 광란하는 호르몬의 요구를 들어주기 위해서 한때 쏟아부었던 힘은 더 이상 정당한 사유로 분명하게 설명되지 않는다. 서로에게 성급하게 달려드는 일은 이제 더 이상 자주 일어나지 않는다. 그러나 줄어든 횟수는 더 큰 집중력을 요구한다. 뒤따르는 극도의 피로감에는 그 이전과 다른 원인들이 있을 수 있다. 심장과 혈액순환이 위태로울 만큼 위험해졌을 수도 있다. 하지만 아직 노년에 이르지 않은 사람들을 위협하는 하룻밤의 정사를 두려워할 필요는 없다. 이를 위한 파트너가 이제는 전혀 없기 때문이다. 원치 않는 임신도 있음직하지 않다. 그러니 섹스는 이제야 마침내 의사소통, 영감 그리고 황홀경을 위한 하나의 매개체일 수 있다. 그러나 이것으로 부족하다 싶을 때면 역시 대화가 이전보다 더 큰 역할을 할 것이다. 쇠퇴하는 정력은 재치 있게 슬쩍 넘길 수 있다. "난 더 이상 흥미 없어!" 물론, 경구용 알약이 쾌락을 부추긴다. 그러나 성적 능력 그 자체가 더 이상 적응하지 못할 때에도 내가 그걸 복용하길 원하겠는가? 나의 몸과 마음이 진정으로 그것을 원하겠는가? 이 일은 여전히 논의의 대상이 된다고 생각한다. 마음의 평정은 온 생애 동안 그토록 숭고해 보였던 것을 가벼운 마음으로 놓아버리는 데 있다. 이 시기의 섹스는 긴장 관계에서 벗어난 남녀 간의 우정 형성에 큰 도움이 될 수 있다.

많은 사람들에게 정원 가꾸기의 즐거움이 더 커진다. 땅 속에 두 손을 넣어보는 일은 사람들을 변화시킨다. 정원에서는 시간이 규칙적으로 반복 순환한다. 이것은 나이를 먹어가고 있는 많은 사람들의 시간 인식에 아주 잘 들어맞는다. 대지는 현대의 직선적인 시간보다 나이든 사람들이 더 가깝게 느끼는 순환적 시간을 전형적으로 보여준다. 정원에서는 인간의 생명도 자연 안에 편입되어 있다는 사실을 느낄 수 있다. 말하자면 자연은 전체 존재의 유한성이 아니라 개별 존재의 유한성을 알고 있다. 왜 인간은 정원을 좋아하는 것일까? 그것은 정원이 마치 여러 종교들처럼, 인간들을 줄곧 고통스럽게 한 유한성이라는 상처를 달래주기 때문이다. 유한성은 그 무엇보다도 현대 인간을 괴롭힌다. 왜냐하면 현대 인간은 인생의 종말과 함께 블랙홀로 빠져들 것이라고 믿고 있다. 그러면서 이것은 종교적 신념이 아니라는 사실을 믿고 있기 때문이다. 정원은 재생이, 자연 가운데서 관찰될 수 있는 것과 같은 '순환으로의 환원'이 개별자들에게도 유효하다는 사상을 시사해준다. 한 뼘의 작은 땅이, 인간의 운명으로 하여금 유한성을 초월케 하는 생명과 소멸의 순환을 대변해준다. 그러나 어떻게 이것이 상상 가능한 일이란 말인가?

혹시 전 생애를 통해 체념할 수밖에 없었던 삶이 있다면, 지금이 바로 그것에 대해서 숙고해볼 딱 좋은 때이다. 여유의 즐거움이 소중해질 시간이다. 목적 없는 자유로운 활동과 단순한 현존의 시간. 어린아이처럼 나를 흥미롭게 하고 매혹시키는 일에 몰두할 수 있다. 사유의 자유는 가장 흥미로운 연관성들을 드러낸다. '오늘을 즐겨라Carpe diem.' 지금 이런 방식으로 살기 위한 시간이

정원에서는 인간의 생명도
자연 안에 편입되어 있다는 사실을
느낄 수 있다.

존재한다. 그러나 이 말이 매일을 즐기라는 의미가 아닐 수 있다는 사실을 인정해야 한다. 왜냐하면 무엇인가를 위해 '즐길 수 없어도 괜찮은 날들' 또한 있기 때문이다. 이런 날들이 즐길 수 있는 날들을 더 가치 있게 해준다. 마음의 평정은 언제 어디에나 즐거움을 마련해놓아야 한다고 요구하지 않는다. 더 이상 모든 즐거움을 뒤쫓지 않아도 된다는 것은 오히려 마음이 평정을 이루는 나이듦의 특권이다. 세네카 또한 이렇게 말했다. "바로 그 어떤 즐거움도 동경하지 않는 즐거움이 자리한다."

계속해서 가능한 능동성은 현대사회에서 그다지 선호되지 않는 수동성으로 보완될 수 있다. 나이가 들면서 삶의 기술에는 차분히 삶을 영위하기 위한 선택들이 주어진다. 한편으로는 '매사에 열심히'라는 의미에서 계속 능동적이기, 좋은 컨디션을 유지하고 또 더욱 증진시키기, 참여하고 교제에 관심 두기가 있으며, 다른 한편으로는 수동적인 태도를 취하기, 뒤로 물러서기, 전적으로 자신을 위하고 가족과 친구들을 위해 존재한다는 조심스러운 의미에서 활동적이기가 있다. '활동을 통한 치료'로 나이들어가는 사람들을 '경직'이라는 위협으로부터 보호할 수 있다. 하지만 이는 어쩌면 달리 분류될 수 없는 현대사회의 속수무책 또한 증언해주는 것인지도 모른다. 노년이 아니라면 도대체 언제 수동적으로 머물러도 되는 인권이 요구될 수 있단 말인가? 그렇지 않아도 삶은 변하지 않는 많은 것을 침착하게 받아들이라고 요구하고 있다. 특히 고통과 불행을 체험할 때 더욱 그렇다.

05

고통

\

불행과 사귀기

나이가 들면서 우리에게 필요한 것은 무엇일까? 물론 건강이다. 살아오는 동안 건강이 당연지사였다면 이제는 일종의 일로 변했다. 우리는 건강을 위해서 많은 것을 할 수 있다. 의식적으로 스스로를 걱정하고, 영양 상태를 훌륭하게 유지하며, 많이 움직이고, 우리를 이롭게 하는 일에 몰두한다. 그러나 마지막 날까지 완벽하게 건강히 지낸다는 것은 소수의 사람들에게나 허락된 일이다. 고통과 질병의 개연성은 먹어가는 나이와 함께 늘어간다. 사람들은 긍정적인 경험과 부정적인 경험을 격리

83
고통

시키기 위해 일종의 담 같은 것을 기꺼이 자기 주변에 쌓으려고 할 수도 있다. 그러나 마음의 평정으로 향하는 다섯 번째의 단계는 작은 불행과 큰 문제들을 잘 다루기 위한 수용 능력의 강화이다. 내가 어떻게 이것을 성공시킬 수 있을까?

등 통증과 어깨 통증이 나를 괴롭히고 있다. 무엇 때문일까? 어떻게 해야 내가 여기서 벗어날까? 어떤 일이 또 일어날까? 아침이 되면 나는 그전처럼 지친 밤을 보내고 나서 욕실로 몸을 끌고 들어간다. 두들겨 맞은 기분이 들고 온 뼈마디가 아프다. 이제 이런 일이 계속될 것인가? 피부에 생긴 검버섯은 육체적으로 아픈 것은 아니지만 미적 감각에 거슬린다. 내가 예전처럼 더 이상 밤을 새워가며 일할 수 없다는 사실도 나를 괴롭힌다. 치과의사는 잇몸이 더 심하게 퇴화되었다고 동정심을 보이며 말한다. 나의 치아에는 물론 내게도 좋은 일이 아니다. 가정의가 만성 관절염을 진단한 뒤 달래듯 말한다. "하지만 그저 초기입니다." 전립선이라는 말은 살아오는 내내 나에게는 말뜻이 애매한 외래어와 같았다. 하지만 이제 나는 이것에 대해서 더 잘 알게 되었다. 가끔은 앉았다 일어설 때 가벼운 현기증을 느끼기도 한다. 이것은 무엇에 대한 징후인가? 또한 가끔 심장이 덜컹거리지는 않는가?

그건 조금 과장이라고 해도 좋다. 어쨌든 나는 무심한 사람이기보다는 오히려 우울증 환자이다. 그런 상태로 나는 깨어 있다. 상황이 더 나아지진 않을 것이다. 나는 그것을 각오하고 있다. 부정적인 일들을 두려워할 때 그것으로 인해 상처를 받게 되는 노세보 효과Nocebo-Effekt* 보다는 부정적인 일들이 일어났으나 내가 그것을 수용할 수 없을 때 그것들에 대해 대응할 수 없는 무응답 효과Noreply-Effekt가 나는 더 두렵다.

고통을 다루는 일이 필연적이게 된다면, 개입을 위한 가능성들을 활용할 수 있다. 그리고 이러한 것들이 있다는 사실은 나를 꽤나 안심시켜준다. 약물, 임상 치료, 명

• '해를 끼치다'라는 의미의 라틴어 'nocebo'에서 유래한 '부정적인 믿음의 위력'이라는 뜻이다.

상, 수술 등을 통한 치료 가능성이 있는데, 이런 것들은 최대한 세밀하게 개별적 상황에 맞추어진다. 그렇지만 통증을 나의 정상적인 몸이나 정신 상태의 한 부분으로 받아들이는, 소위 통증의 일체화Integration에 대한 능력도 추가적으로 고려되어야 한다. 현실적으로 판단했을 때 통증이 만성적이라면, 이겨낼 수 없는 싸움에 모든 힘을 소모하지 않기 위해서라도 이러한 통증의 일체화는 고려되어야 할 것이다.

그렇다. 고통은 엄청나게 삶을 해친다. 고통은 현대적 자아의 급소인 자율성을 손상시킨다. 그렇지만 스스로 결정한 평정은 고통을 가능한 범위 내에서는 받아들이겠다는 걸 의미할 수 있다. 어떤 지점까지일지 그 한계를 결정할 수 없을 때에는 의사와 상담한 후에 스스로 결정하면 된다. 무슨 목적으로? 내가 견뎌낼 수 있는 한 생명의 아주 신비스러운 깊이 안에서 삶을 체험해보기 위해서이다. 고통, 질병 또는 다른 불행이 사전 통보도 없이 나에게 닥쳐왔을 때 계속 원망만 할 것이 아니라, 도리어 나의 내면 그리고 나와 연관돼 있는 모든 것에 익숙해지고, 더 나아가 그것을 내 것으로 만들기 위해서다. 그 결과 소위 이렇게 만들어진 재산의 장점은 적어도 이것 때문에 나를 시기하는 사람은 아무도 없다는 점, 그러니까 전적으로 나에게만 귀속된다는 점이다.

살면서 많은 것들이 행운에 좌우된다. 그리고 불운에도 그렇다. 이에 대한 그때마다의 원인이 무엇인지 신빙성 있게 말할 수는 없다. 일어나서는 안 될 일이 일어났을 때 자기 자신, 다른 사람들, 인생 그리고 온 세상의 탓으로 돌리는 것은 큰 의미가 없다. 어떤 때는 불행이 일어날 수도 있고, 질병이 삶 안으로 침투해올 수도 있으며, 확신이 뒤흔들릴 수도 있다. 왜 나에게 이런 일이 일어나는가? 실제로 밝혀지지 않는다. 왜 나에게 지금 이런 일이 일어나는가? 그것은 단순히 우연일 수 있다. 그러면 나는 언제 이것에서 벗어나게 될까? 아마도 벗어나지 못할 것이다. 그러면 그다음은? 이것이 나에게 있어 우연인지 의도적인 것인지 누가 알겠느냐만, 이제는 삶이 나에게 부여한 과제라고 말할 만큼 일정 부분 괜찮은 면도 있는 그것과 사귀는 일만 남아 있게 된다. 나는 그것으로부터 무엇인가 얻어내기 위해서 그 과제를 받아들인다. 왜냐하면 무언가에는 그것이 유익할 것이기 때문이다. 일어나고 있는 모든 것은 결국 무언가에 좋다는 것이 맞는 말 아닌가? 불운도 좋은 것일 수 있지만 그것이 어떤 경우, 누구에게 좋은 것인지는 딱 집어 말할 수 없다. 다만 훗날 인생을 되돌아볼 때 결국 무언가에는 좋다는 말이다. 시간이 흐르는 가운데 각 개인들의 시간을 훨씬 넘어서 그 이전에 이미 얻었거나 추후에 얻을 수 있는, 일어나고 있는 일의 의미와 연관성이 인식 가능해지는 것이다.

또한 인생의 양극성, 즉 긍정적 측면과 부정적 측면 사이의 긴장을 해소시킬 만한 권능이 내게는 근본적으로 없다. 그런데 그런 양극성 없이는 어떤 삶도 존재하지 않는다. 이것은 다른 시대에도 알려졌던 것이고, 오래된 해시계 위에서도 읽어낼 수 있는 사실이다. "그림자가 없다면 빛이 무슨 소용이 있겠는가?" 그러나 지금을 사는 우리는 행복한 현세에의 믿음이 삶의 모든 부정적인 면을 제외할 수 있다는 기대를 뒤쫓고 있다. 순수하게 긍정적인 것은 천국 같은 곳에서 느낄 수 있을 것이라 여기는 행복한 피안에 대한 종교적인 믿음과 전적으로 비슷하다. 기독교 문화에서는 천국으로의 구원을 기대하면서 수세기에 걸쳐 현세의 의심, 부정적 사유, 멜랑콜리Melancholie 등이 그 정당성을 인정받지 못했을 뿐만 아니라 구원받지 못하는 죄악으로까지 해석되었다.

그러나 현대의 치명적 죄악은 우울증이다. 이미 인간 존재의 일부였던 인류학적인 불변의 인자, 즉 울적해질 수 있고, 침울해지거나 불행해질 수 있는 그런 인자가 심각한 결함으로 변했고, 선악을 넘어서 '질병'으로 불리게 되었다. 스스로 우울하다고 생각하고 때로는 의사로부터 그런 진단을 받은 사람들 가운데 많은 이들은 단지 일상적으로 말하는 울적한 기분 때문에 고생하고 있다. 이 울적함은 병적인 것으로 평가할 수 없는 영혼의 존재 방식 가운데 하나인 오래된 멜랑콜리와 전혀 다를 게 없다. 단어(그리스어 melancholia)의 원래 의미인 흑담즙증黑膽汁症*과는 달리 울적함 속에 어떤 괴로운 것이 내포되어 있다고 억지로 강조할 필요는 없다.

중년의 끝자락이나 노년에 있는 이들은 비교적 젊은 사람들보다 더 밀접하게 이와 관련 있어 보인다. 이러한 사실은 동요하는 감정이나 멜랑콜리한 사유와는 달리 경직된 감정과 성찰 불가능의 특징을 나타내는 우울증이라는 질병에도 적용된다. 우울증에 걸린 당사자는 스스로는 더 이상 아무것도 할 수 없으며 무언가를 발견해내지도 못한다. 그렇기 때문에 지금 이 순간에도 그들은 자신을 떠나지 않고 있는 친척과 친구들, 자신을 위해서 힘을 다하고 있는 심리 치료사와 의사들에게 의존하고 있다.

우울증은 진단하는 것도 간단하지 않다. 멜랑콜리와 우울증 사이에는 판별하기 어려운 일종의 애매한 영역이 존재하기 때문이다. 우울증이라는 진단이 멜랑콜리

● 그리스어 멜랑콜리아melancholia는 검은색을 뜻하는 melan과 담즙을 뜻하는 chole의 복합어로, 기원전 5세기 말 히포크라테스의 저술에 처음 등장한다. 그는 본래 인간의 체내에는 담즙과 점액이라는 두 가지 종류의 체액이 있는데, 그중 어느 한 체액이 지나치게 많아지면 인간의 행동이 그 체액에 의해 영향을 받는다고 했다. 특히 담즙 가운데 검은색 담즙이 많으면 우울하거나 염세적이 되기 쉬운데, 이러한 병적 심신 상태를 가리켜 멜랑콜리아라고 칭했다.

에 대해서도 과잉 적용되기 때문에 환자의 숫자는 허무맹랑한 크기로 불어난다. 제약 업체나 질병의 대중적 인식을 위해서는 좋은 일이다. 하지만 의사의 치료나 심리 치료를 받으며 약을 필요로 하는 우울증 환자보다 대화 상대가 더 필요한 멜랑콜리의 경우, 개인차에 맞추어 대하는 게 그리 쉽지는 않다.

멜랑콜리는 달갑지 않게 다가오며 그 원인 또한 여러 가지가 있을 수 있다. 확실한 것을 잃었다는 사실은 결코 위로받지 못하는 슬픔의 원인이다. 사람들은 자신에게 의미 있는 무엇을 잃게 되거나 자신이 열망하고 있는 것을 얻지 못할 때에도 '우울해진다'. 그런데 어떤 간절한 소망이 이루어지고 나면 예상하지 못한 공허함이 밀려온다. 오랫동안 하나의 목표 달성을 위한 집중적인 노력이 삶에 의미를 부여했는데, 목표가 달성되면서 다른 것으로 대체되지 않은 채 갈 길을 잃어버린다면 어떻게 되겠는가! 많은 사람들이 대수롭지 않게 지나쳐버리는 위험, 예컨대 정년퇴직 확정 같은 상황이 여기에 해당될 수도 있다.

나이가 들어 우울해지는 이유는
무엇보다 실존적인 고독에 있다.

이 외에도 멜랑콜리가 나타나는 비교적 전형적인 시기가 있다. 낙엽이 떨어지는 가을, 햇볕이 없는 겨울, 인생 일사분기의 위기, 중년의 위기 등 그 외에도 보다 아름다웠던 시절을 회상하면서 보내는 또 다른 삶의 위기가 그런 시기이다. 멜랑콜리가 스쳐 지나가는 나그네인지 아니면 오래 머물 것인지 하는 것은 그 한가운데서는 알 수 없다. 멜랑콜리는 그것을 태연히 받아들이는 것이 가능할 때 저절로 그냥 지나간다. 멜랑콜리가 '극복되어야 한다'는 것에 대해서는 언급할 것이 없다. 극복의 기준이 존재하지 않기 때문이다. 더 적합한 것은 인간의 이러한 측면 역시 인생의 충만함에 대한 경험을 완전하게 해주는 데 알맞다는 견해이다.

나이가 들어 우울해지는 이유는 무엇보다 실존적인 고독에 있다. 이 실존적 고독은 개인의 자아가 전에 없이 뚜렷하게 부각되는 문화 때문에 계속 커지고 있다. 왜냐하면 자아는 그만큼 더 많이 자신에게로 투사되기 때문이다. 내가 이 삶을 살고 있다, 다른 사람이 결코 아니다. 불운과 불행을 처음으로 열어젖힌 심연을 향해 눈

길을 떼어서는 안 되는 사람도 나이다. 오직 나만이 마침내 이 내 삶을 마치게 된다. 다른 누구도 이 사실을 내게서 뺏을 수 없다. 또한 다른 사람들의 생각과는 다르게 극복에 대해 생각하는 것도 나 자신이다. 내가 보고 있는 대로의 일반적인 삶이나 세상 자체로부터 초래되는 비관적인 세계관은 내가 전적으로 이해할 수도 없고 위로할 수도 없다. 삶의 시간이 한정되어 있다는 의식, 내 삶과 사랑스러운 사람들을 언젠가 떠날 수밖에 없다는 의식, 이런 일이 제지할 길 없이 다가오고 있으며 예견할 수 없을 만큼 더 이상 먼 것도 아니라는 의식이 극도로 고통스럽다.

우리는 지금 어디에 서 있는가? "우리는 지금 어디에 있는가?" 데이비드 보위David Bowie는 2013년에 발표한 같은 제목의 노래에서 물었다. 처음에는 방송을 내보내던 많은 라디오 방송국들이 한순간 아무런 말도 없이 이 곡을 방송 정지시켰다. 멜랑콜리가 그 이유였다. 방송 관계자들은 그렇게 지나친 비애감을 청중들에게 요구해서는 안 된다고 생각했다. 데이비드 보위는 몇 줄 안

되는 가사에서 1976년부터 1978년까지 자신이 살았던 베를린에서의 과거를 회상하고 있다. 이제 예순여섯이 된 그는, 죽은 자들과 함께 배회하고 그들을 산책시키며 "방금 죽은 자가 걷고 있네Just walking the dead"라고 현실에서 노래하고 있다. 어떤 것에도 지속성은 없다. 모든 것은 덧없으며 흘러간 것은 되돌려지지 않는다. "그대는 알 거야, 그대는 알 거야You know, you know."

새로운 것이 아무리 끊임없이 생성되고 있다 하더라도 거의 모든 것이 소멸한다는 사실은 변하지 않는다. 이러한 사실은 전보다 더 절실하게 나이들어가는 사람들의 머릿속으로 꿰뚫고 들어선다. 이럴 때, 머리에 지나친 부담을 주지 않기 위해서 여러 가지 방식의 접촉들이 활용될 법하다. 이 접촉들은 특히 어려운 시기에, 쉽게 마음의 평정을 유지시켜준다.

06

접촉

\

친밀함을 느끼게 해주는 것

사람들은 평생 동안 접촉에 의존하면서 살아간다. 신체 접촉은 태어나면서부터 계속해서 면역 체계를 구축하고, 결속력과 안전함을 느끼게 하는 데 기여한다. 어린아이들과 청소년들은 품에 안길 때 안정과 위로를 느낀다. 성인들 역시 쓰다듬거나 가만히 올려놓는 손길이 주는 쾌감의 효과를 알고 있다. 몹시 뛰던 맥박도, 올라가던 혈압도 가까운 사이의 다정스러운 타인에 의해 진정된다. 접촉을 찾는 일이 마음의 평정을 위한 여섯 번째 단계이다.

사람들 간에 인간적인 접근의 수단은 많은 경우 신체 접촉이 된다. 팔에 전해오는 사소한 접촉도 즉시 신뢰감을 일깨워준다. 접촉의 허용 범위가 넓어질수록 관계는 그만큼 더 밀접해진다. 반대로 접촉을 거부하면 관계는 멀어지기 시작한다. 이것은 각 개인의 실존 안에 깊이 자리 잡는 체험이 된다. 누군가가 나에게 접촉함으로써 나는 살 수 있고, 또 살아 있음을 느낀다. 내가 더 이상 접촉을 받지 않으면 삶은 내게서 사라지고 나는 더 이상 삶을 느낄 수 없게 된다. 접촉은 일종의 관심이다. 이것이 없다면 인간은 영적으로, 끝내는 육체적으로도 피폐해지고 시들어버릴 위험에 처하게 된다. 한 인간의 접촉 경험이 적으면 적을수록 그는 자신에 대해, 그리고 다른 사람에 대해, 마침내 세계에 대해 더욱 낯설어진다. 그는 이유도 모른 채 자신이 소외된 것처럼 느낀다. 어떤 것으로도, 누구로부터도 접촉받지 못한 사람은 사망에 이르기 오래전부터 고독 속에 죽어간다.

우리가 나이를 먹게 되면 우리를 돕는 것은 접촉이다. 그러나 공교롭게도 그 필요성이 늘어나는 시기에 타인의 호의는 줄어든다. 우리의 피부 상태는 타인으로 하여금 아기 때처럼 자연스럽게 접촉하도록 유도하지 않는다. 나이가 들어가면서 많은 이들은 신체 접촉을 거부하는 듯한 인상을 준다. 그래서 그들에게는 타인이 접촉을 시도조차 하지 않게 된다. 사실 좋은 향이 나고 티 없는 피부만을 인정하는 문화에서는 나이든 사람과의 접촉을 기피하는 경향이 있다. 마치 노인을 죽음을 옮기는 죽음의 감염자인 양 만들고 있다. 시각이나 청각 같은 감각들이 약해질 때조차도 촉각을 통한 기초 소통은 아기 때처럼 여전히 가능하다. 생을 마감하며 숨을 거두고 있는 사람들에게 그들의 손을 잡아주고 이마의 땀을 닦아주는 손길보다 더 필요한 것은 없다.

나이가 들어가는 과정에서 접촉이 어떤 의미를 가지는지 알아보기 위해서는, 적어도 기본적인 돌봄을 확보하는 것이 관건이 아닌가 생각된다. 아직 가능하다면 스스로를 돌보는 것, 그리고 이 단계를 넘어섰다면 타인의 돌봄을 확보해야 한다. 우선 그것은 신체적 접촉에 해당한다. 예컨대 평상시보다 좀 오래 다른 사람의 손에 내 손을 얹어두기, 때때로 오해를 사지 않을 만큼 포옹하기, 정기적으로 마사지와 물리치료 받기, 동물과 사귀기, 목욕이나 수영으로 물과 접촉하기, 재료와 사물 만지기.

그러나 만지는 접촉뿐만 아니라 쾌적함을 주는 모든 형태의 감각도 마음을 침착하게 해준다. 아름다운 얼굴이나 한 폭의 그림 또는 경치를 바라보는 일, 음악을 듣거나 연주하는 일, 노래를 부르거나 합창대 활동을 하는 일, 냄새 맡는 일, 음식을 맛보는 일, 산보하거나 운동하면서 몸을 움직이는 일, 그리고 구체적으로 많은 것을 체험할 수 있게 해주는 직관을 통해 사물을 파악하는 일이 그렇다. 매우 많은 의미가 감각적인 것에서 생긴다. 신체적, 감각적 체험 하나하나가 영적이며 정신적으로 효과를 발휘한다.

주도적으로 접촉을 유도하는 것이 항상 쉬운 일은 아니다. 그렇게 하려면 속을 터놓아야 하고, 이에 대해 상대가 어떤 반응을 보일지 모르기 때문이다. 능동적으로 접촉하는 것의 반대는 수동적으로 접촉되는 것이다. 이

둘이 서로 섞여 구분할 수 없게 되면 피부에 피부가 닿으면서 어느 순간 서로 하나가 되는, 포옹과 같이 특별한 마력이 생기게 된다. 이때 상대가 접촉하는 것과 동시에 나는 접촉된다.

춤은 자유로우면서 두드러지지 않게 접촉하고 접촉될 수 있게 해준다. 그래서 나이든 사람들과 일할 때에는 춤출 기회를 마련하는 것에 관심을 갖게 된다. 하지만 접촉의 결핍뿐만 아니라 접촉의 과잉 역시 생각해야 한다. 접촉에 대한 관심이 집요해지면 접촉 과잉이 접촉 압박으로 변할 수도 있다. 적정 수준을 찾아내는 일은 균형을 잡기 위해 많은 감각을 필요로 하는 영원한 줄타기와 같다.

신체의 접촉과 똑같은 의미를 갖는 것이 영적인 접촉이다. 이 영적 접촉에서는 단 한 번의 친절과 호의만으로도 생길 수 있는 감정이 중요하다. 무관심이 지배하지 않는다면 어느 곳에서도 영적인 접촉은 가능하다. 불안에서 비교적 자유로움을 뜻하는 마음의 평정은 무관심이나 감정의 결핍과는 무관하다. 감정은 삶의 양념이다.

접촉은 일종의 관심이다.
이것이 없다면 인간은 영적으로,
끝내는 육체적으로도 피폐해지고
시들어버릴 위험에 처하게 된다.

감정 없이는 모든 것이 무미건조할 것이다. 감정은 영혼의 언어다. 말뿐만 아니라 눈길, 표정, 몸짓, 태도 등을 통해서도 표현된다. 전 생애를 통해서 이러한 언어적, 비언어적 표현 형식들이 사람들 사이의 분위기를 결정짓고 서로 간의 친밀감이나 거리감 형성에 영향을 끼친다.

표면에 드러나는 감정만이 항상 좋은 것은 아니다. 왜냐하면 감정은 양극성이라는 법칙의 영향을 받기 때문이다. 아주 젊은 사람들이 내적인 흥분을 피할 수도 없고 이해할 수도 없는 때가 있는 것처럼, 나이든 사람들에게 불쾌한 감정은 그들을 큰 파국에 이르게 할 수도 있다. 살면서 치매나 질병에 걸렸을지라도, 감정의 자각 능력은 빨라도 마지막 숨을 거둘 때에야 없어진다. 우리 주위의 사람들도 이 사실을 알아두는 게 좋다.

사색하는 가운데 얻는 정신적인 접촉 역시 마음에 평정을 준다. 인간은 대화할 때마다 타인의 생각에 접촉되며 자신의 입장에서 생각하면서 타인의 생각에 접촉한다. 대화를 통해서뿐만 아니라 침묵을 통해서도 정신적인 접촉은 일어난다. 조용히 침묵하면서도 생각은 교환

될 수 있다. 고요 속에서 사람들은 생각에 의해 접촉되고, 환상이나 예감, 그리고 상상에 의해서도 접촉된다. 왜냐하면 사람은 현실적인 것뿐 아니라 비현실적인 것과도 접촉하기 때문이다.

독서는 무언의 형식으로 이뤄지는 정신적인 접촉이자 접촉받음이다. 역사적으로 오랜 세월 동안 독서는 손으로 책을 잡을 때 그리고 페이지를 넘길 때의 감각적인 접촉과 결부되어 있다. 그러나 문자 입력하기, 터치하기, 확대 및 축소하기, 삭제하기 등 새로운 미디어와의 교류도 감각적인 경험을 가능하게 해준다. 전자책의 글씨를 마음대로 확대해서 보는 것도 오래전부터 있었던 문제를 만족스럽게 해결해준다.

시간이 흐르면서 정신적인 삶이 약해지거나 완전히 소멸되어버린다는 것은 무슨 뜻인가? 정신적인 것은 다른 식으로 계속 생존한다는 사실만을 가정해보자. 나이가 들면서 많은 사람들이 공간과 시간 그리고 현실에 예속되지 않고 완전히 그 자체만으로 존재하는, 손에 닿을 수 없는 무한함의 기운을 정신적인 것에서 느끼게 된다.

나이든다는 것과 늙어간다는 것

그렇지 않다면 오래전에 죽은 이들의 생각이 어떻게 그리 생생할 수 있단 말인가? 세네카는 죽었는가? 정신적인 것이 가진 폭 넓은 가능성은 유한성에 굴복한 것 같지 않다. 위대한 마음의 평정을 얻기에 충분한 근거인 듯하다. 사랑과 우정으로 맺은 관계는 살아가는 데 있어 마음의 평정을 위한 가장 아름다운 가능성들을 제공한다. 그러한 관계를 통해 정신적이고, 영적이며, 육체적인 측면에서 균형 있게 접촉하고 접촉될 수 있다. 접촉하면서, 긍정하면서 생기는 관계를 돌보는 일이 마음의 평정을 위한 일곱 번째 단계이다.

07

사랑

\

관계를 맺거나 지속하게 해주는 것

.

나이가 들면 무엇이 내 삶에 도움이 될까? "착한 자식
들이죠." 나의 열일곱 살 난 아들이 주저 없이 대답한다.
그는 학교를 중도에 때려치워버렸기 때문에 부모가 현
재 자신으로 인해 언짢은 상태라는 것을 명확하게 알고
있다. 그렇지만 부모와 자식 사이의 애정을 위협할 만큼
불행한 상황은 아니다. 부모와 자식 간의 사랑은 행복과
같이 기분에 좌우되는 감정이 아니다. 그 사랑은 변함없
는 의미로 그 안에 심오한 이유들을 담고 있다. 항상 서
로의 편을 지켜주는 고마움과, 더 이상 아이가 아니라

자신의 인생은 이제 스스로 책임져야 한다고 자식 편에서 격려해주는 것이 부모 자식 간의 사랑이다.

  나이가 들면 자식이란 존재가 마음의 평정을 위한 하나의 이유가 된다. 자식이 있어서 부모의 인생이 계속 이어질 수 있기 때문이다. 그리고 아이들은 여러 실질적인 면에서 부모를 돕는다. 아이들과 함께라면 점점 더 천천히 걷게 된 부모가 뒤쫓아가는 속도보다 더 빨리 도망치는 시간과 긴밀한 관계를 유지하는 것이 가능하다. 인류 역사상 모든 부모는 그들의 자식이 삶에 익숙해질 수 있게 해주었다. 그러나 현대적 삶을 규정해주고 있는 끊임없이 새로운 그리고 최신의 기술들이 적어도 일정 부분에 있어서는 이런 관계를 역전시키고 말았다. 이제는 아이들이 그들의 부모가 생활에 익숙해질 수 있게 도와준다. 새로운 기술을 받아들임에 있어 아이들은 언제나 한 걸음 앞서 있으며, 결국 기술과 더불어 성장하기 때문이다. 때마다의 역동적인 기술적·정신적 변화를 아이들 편에서 함께 따라가면, 부모들이 아이들로부터 점점 더 멀어져 그들의 주위가 외로워짐으로써 세계를 이해하지 못하게 되는 운명을 피할 수 있다. 그러나 부모가 눈에 띄게 나이가 들면 부모 자식 간의 사랑은 엄밀한 의미에서 시험을 겪게 된다. 그래서 부모들은 아이들에게 너무 큰 짐을 지우지 않게 하기 위해 미리 대비해 두는 것이 바람직하다.

부모 자식 간의 사랑과 나란히 조부모와 손주 간의 사랑도 있다. 이 사랑은 서로에게 많은 의미와 마음의 평정을 줄 수 있다. 과거에 비해 얼굴을 맞대고 이야기할 수 있는 기회가 드물어졌다고 하지만 현대 통신 매체들은 물리적 거리와 상관없이 관계를 지속적으로 유지할 수 있게 해준다. 많은 조부모들은 손주들을 위해 그들과 함께할 수 있는 재미있는 일들을 꾀해보기도 하고, 그들에게 귀 기울이며 모든 것을 설명해주기 위해 기꺼이 함께 살기도 한다.

조부모가 손주를 질책하고, 성장 중에 있는 그 아이들이 이제 자신들이 물려받을 고향과 그 안에서 벌어지는 세계의 변화를 거부하게 되면, 조부모와 손주 간의 관계가 위험에 처할 수도 있다. 그러나 대부분의 경우 손주는 조부모에게서 자신의 발전에 많은 기여를 하고 있는 친절과 평정의 목가를 찾아낸다. 조부모들은 자신들이 예전에 들었던 이야기를 해준다. 그들 자신의 지나온 삶을 잘 표현해주는 '작지만' 개인적인 이야기와 그들이 일부는 직접 체험하기도 했던 지나간 시절의 '커다란' 역사 사이에 일종의 다리를 놓는다. 그렇게 해서 그들은 자라나고 있는 후세의 마음속에 개인의 삶과 역사의 관련성을 의식할 수 있도록 일깨울 수 있다. 만들어지고 있는 손주들의 삶과 소멸되고 있는 조부모의 삶 사이에 생명의 순환이 일어난다. 그들은 서로의 삶에 의미를 부여해주는 이러한 포괄적인 관계망 속에 편입되어 있음을 느낄 수 있다.

성장하고 있는 아이들과 함께 스스로가 한 번 더 성장하는 시간은 인생에서 가장 강렬하고 아름다운 시간이다. 돌이켜보면 확실히 그렇다. 아이들이 어떻게 스스로 세상을 발견하는지 함께 체험하는 것은 아이들 저 자신이 세상을 재발견하는 데 도움을 준다. 만약 자식과 손주들이 없다면? 그렇다면 오해를 사지 않는 방식으로 어

나이들어가는 사람들은
아이들의 성장에 기여할 수 있을 때
자신이 아직은 세상에 속해 있다는 것을
새삼 느끼게 된다.

린아이들과 어울려볼 수 있는 기회를 만들어보는 것도 큰 의미가 있다. 먼저 아이들과 사귈 수 있는 방법을 살펴보자. 예를 들어 독서 대부代父가 되어 사회의 한 단면을 학교로 가져가 무엇이 아이들을 감동시키는지를 보면서 '저 바깥에 있는' 낯선 세계가 아이들로부터 배움을 받는 것에 관심이 있다는 것을 아이들에게 보여주는 것이다. 불우 아동을 위해 교육봉사자로 활동하거나 또는 사회봉사자로서 참여하는 것도 불우한 아동들의 정신적 '탄력Resilienz'을 위한 버팀목이 될 수 있다. 아이들은 어려운 조건이라 할지라도 자신을 향한 작은 격려와 관심만 있다면 잘 대처해나갈 수 있다. 아이들은 받아들일 자세가 되어 있는 사람에게 이 격려와 관심을 몇 배 키워서 되돌려준다. 나이들어가는 사람들은 아이들의 성장에 기여할 수 있을 때 자신이 아직은 세상에 속해 있다는 것을 새삼 느끼게 된다. 여기저기서 실행되고 있는 노인 요양원과 유치원의 통합도 이에 대한 가능성을 보여준다.

형제자매가 있다면 이들은 나이든 사람의 인간관계

형성에 한몫을 한다. 모든 경험, 그러니까 사소한 경험, 기쁜 경험, 고통스러운 경험 등을 친밀한 나의 형제자매들과 함께 서로 나눌 수 있다. 형제자매가 있다는 것은 모든 이야기를 함께 나눌 수 있는 누군가가 항상 있다는 말이다. 이러한 관계는 생애 언제든 활용할 수 있고, 더 이상 어떤 지지도 받지 못하는 상황이 생겼을 때 이 관계 자체가 발판이 되어줄 수도 있다. 다만 형제자매는 서로의 삶에 놓여 있는 엄청난 장애물들을 함께 극복해야만 서로가 서로를 의지하며 나누는 삶을 살 수 있게 된다. 유산이 문제가 된다면 서로 조금도 시기하지 않고 관대해져야 한다. 하지만 모든 사람이 다 그렇게 행동하지는 않으며, 오히려 어린 시절부터의 묵은 계산을 청산하고자 하는 마지막 기회로 이를 활용하려 한다. 그 결과 많은 사람들이 죽는 날까지 서로를 원망하며 지내는 것을 앞당겨 시작하게 된다. 어떤 것도, 누구도 이런 사람들을 말릴 수가 없다. 그러나 잃어버린 낱낱의 관계와 함께 마음의 평정이 고독으로 변할 수 있다.

희망컨대 영원히 남아 있는 것은 삶을, 적어도 삶의

한 부분을 함께 나누는 사람에 대한 사랑이길 바란다. 더불어 삶에 의미를 부여하기 위해서는 한 사람이면 족하다. 이것이 오랫동안 삶 속에서 젊게 머무는 열쇠이다. 그리고 생각할 수 있는 모든 일을 의젓하게 견디어내기 위한 기반이다. 내가 그의 현존에서 기쁨을 얻고, 비록 매일은 아니라 할지라도 그 역시 내가 있다는 것에서 기쁨을 느끼게 되는 그런 사람이 한 사람이라도 있다면, 삶은 언제나 그리고 마지막까지 아름다우며 의미로 가득하다.

그러나 이제 우리는 전보다 더 많이 서로 간의 호의에 의지하고 있다. 이러한 호의는 각자가 스스로 "바로 이 사람이 내가 함께 지내고 싶은 사람이다!"라는 말에 해당할 것이라는 결단으로부터 생겨난다. 우리는 점점 더 자주 서로의 관용을 필요로 한다. 예컨대 부분적인 기억 상실, 집중력 부족, 결핍되어가는 기동력, 줄어드는 매력 같은 것이 그렇다. 어느 한쪽이 불쾌한 기분, 우울증, 치매, 심각한 병 등의 이유로 달라진다면, 그때는 무엇보다 사랑이 죽을 때까지 변함없으리라는 맹세를 하기에 이른다. 젊은 시절 가장 아름다운 사랑의 증거가 "세상 끝까지 함께하자"거나 "함께 늙고 싶다"는 표현이었다면, 이제는 그것이 그저 아름다운 말뿐인 게 아니었음을 실존적으로 증명해야 할 때가 온 것이다.

나이가 들면 우정이 대단히 중요하다. 사회적 활동이나 참여가 끝나면 무엇이 남는가? 많은 사람들에게 그 답은 '내가 얻은 친구들'이다. 소중한 기억들이 나를 친구와 묶어준다. 친구와 함께 수다를 떨 수도 있고, 친구가 있는 데서는 무엇인가 마음에 품고 있던 말을 털어놓을 수도 있다. 다만 그를 쓰레기통으로 만들지 않기 위해 너무 많은 것을 털어놓지는 말아야 한다. 우정의 아름다움은 친밀함이다. 친구란 내가 그에게서 아무것도 바라는 것이 없고 기대하는 것이 없는 사람, 그가 지금 모습 그대로 존재하기 때문에 그와 더불어 기꺼이 함께 있게 되는 그런 사람이다. 그가 나를 좋아하고 내가 그를 좋아하며, 나는 그에게서 그는 내게서 이해를 얻고, 그에게는 내가 나에게는 그가 특권을 누리는 그런 한 사람으로 존재한다는 사실이 나를 기쁘게 해준다.

우정이 주는 마음의 평정. 친구들이 함께 동거하는 일은 드물다. 그래서 화낼 일이 없다. 또 섹스가 중요한 경우도 드물다. 이것은 더욱더 화낼 일이 없게 해준다. 물론 우정도 언제나 순수한 행복으로 이루어지지는 않는다. 그러나 문제들에 대해서, 문제가 있을 수 있다는 사실을 인정할 때 가장 훌륭한 답이 나온다. 그리고 대부분 서로가 한동안 만나지 않는 것으로 문제 해결은 충분하다. 뿐만 아니라 시간이 흘러가는 동안에 상대방이 무엇을 좋아하는지, 무엇에 대해서 거부감을 가지고 있는지, 그에게 이로운 것은 무엇이고 그렇지 않은 것은 무엇인지, 그가 잘할 수 있는 일이 무엇이고, 그에게 부담을 주는 일이 무엇인지에 대한 확실한 직감이 발달한다.

모든 관계는 의미 충만하고 침착한 삶을 위해 중요하다. 이러한 사실은 늘어가는 나이와 더불어 더욱 분명해진다. 이러한 의식이 점점 강해질수록 물음이 생긴다. 나는 누구를 놓쳐버렸던가? 그것이 옳았던 것일까, 아니면 잘못되었던 것일까? 유감일까? 그에게 어떤 일이 일어났는지 내가 제대로 알고 있기나 한가? 어쩌면 이 모든 것을 살피기에는 이미 너무 늦은 건지도 모른다. 철학자 한나 아렌트Hannah Arendt가 67세가 되던 해, 지인 몇을 떠나보내고 난 뒤 자기 삶을 둘러보며 "(친구든 적이든 관계없이) 친숙한 얼굴들이 있던 세계가 낯선 얼굴들이 살고 있는 사막으로 바뀌었다"고 했다. 1973년 12월 친구 메리 매카시Mary McCarthy에게 보낸 편지에서 그녀는 이를 두고 세계의 '낙엽 현상', 심지어 '벌채 현상'이라고까지 표현했다. 이 세계 밖으로 그녀가 물러나는 게 아니라 오히려 '이 세계가 스스로 해체되고 있다'는 것이다. 어쨌든 세계 자체와는 무엇인가 다른, 세계에 대한 그녀 나름의 지각知覺이다. 어느 정도 나이가 든 사람들에게 이러한 구분은 어려운 것이 아니다. 지각은 기껏해야 한 모서리를 붙잡는 것뿐일지라도 기꺼이 진실과 융합된다. 살아가면서 끊임없이 일게 되고 삶의 마지막에 와서야 분명해지는 지각의 모든 변화처럼.

오래된 적대 관계들 역시 중요하다. 모두가 그 적대 관계가 죽음에 문턱에서까지 지켜져야 할 관계인지 스스로 판단하고 결정해야 한다. 어쩌면 기독교 윤리에서 말하는 "원수를 사랑하라"라는 의미심장한 계명을 근거로 지금이 화해를 시도할 때인지도 모른다. 이러한 계명에 따라 실천하는 데에는 정말 초인적인 힘이 요구된다. 그러니 남아 있는 적대감을 굳이 극복하려 하지 말고, 차라리 교양을 갖추는 게 낫다. 그 적대감은 연속적으로, 때로는 다른 관계들보다 더 많이 우리 삶에 개입하지 않았던가? 적대자라 할지라도 오랜 세월에 빚진 그와의 신의를 근거로 그의 역할에서 정당한 인정認定을 찾을 만하지 않은가? 기쁨과 사랑의 긍정적인 경험을 더 높이 평가할 수 있게 하는 것은 불쾌감과 분노라는 부정적인 경험들 아닌가? 이 모든 것들을 디딘 채 다른 사람을 사랑할 수 있고, 그들 또한 사랑받을 수 있으니, 이 얼마나 아름다운 일인가! 그래서 한 사람의 원수가, 어려울지도 모르는 위대한 일을 해내게 만드는 하나의 격려일 수도 있다는 사실을 우리는 모두 알고 있다. "그에게 보여주리라!" 혹시 이런 내가 너무 속 좁은 것인가? 나에게 영혼을 활짝 열어주는 마음의 평정과 즐거움이 부족한 것인가?

08

사색

\

마음을 즐겁고 차분하게 해주는 것

마음의 평정으로 가는 여덟 번째 결정적인 단계는 사색이다. 사색은 문제 해결이 필요할 때 폭넓은 도움을 준다. 사색은 의미의 탐색 혹은 연관성의 탐색이며, 연관성들이 인식 가능해지면 목표에 이르게 된다. "이제 그것이 내게 의미를 주는구나!" 여기서 말한 의미란 삶 전체의 의미인 경우는 오히려 드물고, 대부분 삶 안에서의 의미이거나 개별적 현상들과 경험들의 의미이다. 그러면 나 자신은 다양한 차원의 의미들, 즉 감각적인 경험에서 비롯된 육체적인 것의 의미, 감정적인 관계들로 이루어진 영적인 것의 의미, 사유를 통한 심사숙고 끝에 나온 정신적인 것의 의미 등을 위해 무엇을 할 수 있을까?

이처럼 나이가 들면 점점 더 삶 전체를 심사숙고하게 된다. 그 무엇을 후회하기 위해서가 아니라, 다시금 기억을 떠올려서 연관시키고, 무엇이 '의미를 제공하는지' 발견해내기 위해서 말이다. 이제 삶 전체를 개관할 수 있는 충만함과 성취의 때가 온 것이다. 그렇게 해서 삶 전체가 해석되고 측정되며 평가된다. 나는 어디서 왔나? 어떤 길을 걸어온 것일까? 나는 무엇을 성취했는가? 나에게 가장 중요한 관계와 경험들, 꿈과 이념, 가치와 습관, 두려움과 상처들은 무엇이었으며 또 무엇인가? 그리고 나에게 가장 아름다웠던 일들은 무엇이었으며 또 무엇인가?

그 이전에는 혼란스러운 경험에 지나지 않았던 것들이었는데, 이제는 경험들 사이에 연관성이 보인다. 꼭 모든 삶에 대해서는 아니지만, 그 누구도 언제든지 자신의 삶에 대해 완벽하게 조망할 수 있기를 요구할 수는 없다. 마지막 확신을 가지고 자기 삶에 의미와 무의미를 부여하면서 그것을 평가할 수 있는 사람은 없다. 궁금하거나 문제가 되는 것은 삶의 단편적인 사실이 아니라 설득력 있어 보이는 주관적인 삶의 진실이다. 우리는 무의식중에 스스로의 삶을 이해하고 받아들일 수 있는 어떠한 해석을 필요로 한다. 자신이 어떻게 이런 삶을 살아왔으며 살고 있는가에 대해 아무렇지도 않아 할 사람은 거의 없다. 우리가 살면서 가졌고 지켜왔던 삶에 대한 믿음이 달라지지 않았다면, 이제는 다음과 같은 사실이 중요해진다. 즉, 삶에 대한 자신의 해석이 실존의 최고 심판대이며 인간은 오로지 스스로에게 자신의 삶에 대한 정당성을 증명해야만 하는 것이다.

살아오면서 겪은 모든 것이 지금과는 다른 방향으로 진행될 수도 있었다. 그 선택의 순간 앞에 있었던 갈림길이 다시금 시야에 들어온다. 가정법을 통한 삶의 내력. "만일 그렇게 했더라면, 이리이리되었을 텐데." 일이 이렇게 된 것은 우연이었을까, 나의 노력이었을까? 누군가가 일을 꾸몄나? 내가 다른 사람들에게 신세를 지고 있는 것은 아닌가? 정확히 누구에게? 나의 삶, 나의 일을 통해서 나는 어떤 가능성들을 실현할 수 있었던가? 나는 내가 옳다고 생각하는 것을 위해서 투쟁했던가? 그 삶은 아름답고 긍정할 만한 삶이었으며, 충만한 실존이었던가? 무엇이 아름다웠고 무엇이 그렇지 않았던가? 어떤 꿈들이 이루어졌으며, 어떤 꿈이 좌절되었는가? 무엇이 이루어졌고 무엇이 그리 되지 못했는가?

나의 의지와 상관없이 이미 잘못된 결과를 낳은 일도 많고, 또 다른 방법으로 경험했더라면 더 좋았을 일도 있다. 그런 일들에 대해서 잠시 생각해보는 것은 의미 있는 일이다. 그러나 한없이 그런 것은 아니다. 그렇게 경험한 데에는 분명 이유가 있었다. 그 당시에는 오늘의 지식과 경험을 활용할 수 없었다. 또한 모든 일이 성공적이지 않았다고 해서 그것이 꼭 분노할 일은 아니다. 삶 속 개별적인 일들과 전체로서의 삶 모두가 잘되지 않으면 안 된다는 것은 아니다. 무엇인가가 실패로 끝났다고 해서 나쁜 것도 아니다. 아무것도 시도하지 않는 것이 나쁜 것이며, 나쁘지 않다고 해도 최소한 유감스러운 일일 것이다. 그러나 실패로 끝난 일에도 충분한 가치가 있을 수 있다. 어쩌면 나에게는 가치 없는 일일 수도 있겠지만, 무엇이 되고 무엇이 안 되는 일인지를 현재나 미래에까지도 미루어 짐작해볼 수 있는 근거를 갖게 된 사람들에게는 충분한 가치가 있겠다.

회고의 시선과 더불어 자신의 삶을 넘어서는 새로운 미래로의 시선이 열린다. 내게 중요했고 지금도 중요한 것 중에서 남아 있는 것은 무엇인가? 나에게 무엇인가가 남아 있다는 사실은 전혀 중요하지 않다. 그것을 위해 내가 아직 무엇을 할 수 있단 말인가? 언젠가가 아니라, 바로 지금이 뒤처진 일을 보충하고 뒤따라 조정하기에 적당한 때이다. 또한 내가 기운을 내고, 아날로그적인 재산뿐만 아니라 로그인 데이터와 함께 디지털적인 재산까지 포함하는 유산에 대한 처리 방침을 결정하기 알맞은 때이기도 하다.

최후의 신경과민 상태가 아니라 유쾌함이라고 표현할 수 있는 최종적인 긴장 완화가 사색을 통해 마침내 일어날 수 있다. 이런 경우 의미나 연관에 대한 질문은 무엇인가를 해명할 수 있고 명백하게 할 수도 있으며, 그게

나이가 들면 점점 더 삶 전체를 심사숙고하게 된다.
그 무엇을 후회하기 위해서가 아니라,
무엇이 '의미를 제공하는지'
발견해내기 위해서 말이다.

아니라면 최소한 주관적으로 많은 것을 정리해주는 답변들로 이어져왔다. 기원전 5세기에서 4세기에 걸쳐 살면서 가장 미소한 물질의 조각들, 즉 원자의 운동을 통해 세상의 모든 현상을 처음으로 설명했던 데모크리토스Demokritos는 좀 더 폭넓은 양식의 숙고가 유쾌한 상태(에우테미아euthymia)의 생성 원인이라고 했다. 외적인 자산들과 감각적인 만족과는 별도로 데모크리토스가 내면의 최고 자산이라 생각했던 그의 유쾌함은 전설처럼이나 놀라운 것이어서, 그는 역사 속에 '웃는 철학자'로 자리매김되었다.*

유머가 풍부하고 큰 소리로 웃을 수 있는 것, 그것이 유쾌함의 특징 중 하나임은 분명하다. 그러나 모든 면에

* 데모크리토스(BC 460~BC 370)는 소크라테스 이전의 그리스 자연철학자로 잘 알려져 있지만 사실 그의 사상을 기록한 단편들 대부분이 윤리에 관한 진술이다. 그의 윤리론의 중심 개념은 '유쾌한 상태'를 뜻하는 euthymia인데, 데모크리토스는 이 개념을 사물의 본질로 보고 우리 영혼이 유쾌한 상태에 도달하고 공포나 희망에 오랫동안 끌려다니지 않게 됨을 설명하고 있다. 로마의 시인 호라티우스Quintus Horatius Flaccus(BC 65~BC 8)가 그의 서한집에서 데모크리토스를 가리켜 처음으로 '웃는 철학자'라 불렀다고 알려져 있다.

서 여지없이 그런 것은 아니다. 유쾌함에 넓은 공통 영역이 존재할지는 모르겠으나, 그것이 즐거움과 동일한 것은 아니다. 자기 자신에 대해서 "나는 즐거운 사람이다"라고 말할 수 있는 사람이 언제나 꼭 즐거운 것은 아니다. 즐거움의 근원은 대부분 삶의 각 순간들과 국면들에 결부되어 있다. 반면 즐거운 사람의 행복은 삶의 매 순간이 주는 것보다 더 깊고 크게 자신의 내면에 퍼져 있는 충만감이 주는 행복이다. 그것은 어린아이의 행복과 비슷하다. 천진난만한 만족과 편견 없는 마음가짐은 나이가 들면서 다시 얻을 수 있다. 그러나 이것은 있었던 모든 것에 감사하는 마음과 경험의 풍요로움 덕분에 이제야 비로소 가능해진 삶을 대하는 여유로운 마음에 결부되어 있다. 자신이 발전할 수 있었고 드러내 보일 수 있었던 시절을 되돌아보는 통찰, 자신이 가로질러 온 공간들을 대하는 마음, 자신이 걸어온 길을 바라보는 마음과 연관되어 있다. 그리고 무엇보다 회상 속 나를 가장 긴장시켰던 일로 미루어 알 수 있는 인생의 우회로와 잘못된 길을 되살펴보는 마음에도 관련되어 있다. 여러 가지 난관들을 거치면서 지나온 길고 길었던 그 길을 통해서만이 가을처럼 풍성하고 성숙한 충만함에 도달할 수 있었다. 그 충만함이 긍정적이거나 부정적인, 즐겁거나 불쾌한, 명확하거나 수수께끼 같은 모든 경험이 녹아든 삶을 끌어안고 있는 것이다.

근본적으로 삶을 긍정하는 것이 유쾌함의 기본 정서다. 삶 자체가 필요로 하는 것을 가져다주고 다른 모든 것을 해결할 수 있는 수단을 삶에 쥐어주는 것이 바로 삶에 대한 신뢰가 넘치는 유쾌함의 기본 정서인 것이다. 삶과의 조화가 노년의 모든 곤란을 이겨낼 수 있다. 그것은 어려운 일이 아닌 마음의 평정과 함께 일어난다. 평정Gelassenheit은 곤란에 빠진 문제를 저절로 수월하게 만드는 내려놓기, 즉 허용Lassen에서 나오기 때문이다. 일들이 그저 일어나게 놓아두기 그리고 일들을 기존 상태보다 더 복잡하게 만들지 않기. 다른 사람들에게 먼저 행할 기회를 주기 그리고 그들이 행하도록 허용하기. 삶이 정한 박자에 맞추어 느슨해지기. 더 이상 남아 있을 수 없는 것들은 기꺼이 떠나도록 허용하기. 닥쳐오는 것에 짐짓 자신을 맡기기. 삶을 다른 방향으로 돌려놓을 재앙조차도 언제 어떤 방식으로든, 닥치는 대로 놓아두기. 이런 허용이 마음의 평정과 함께 더 쉬워지는 것이다.

모든 것이 언제나 태연하게 보일 필요는 없다. 그렇지만 이것은 생각해보자. 우리는 무엇 때문에 지금도 여전히 분노하게 되는가? 아마도 때때로 나타나는 두드러진 차이 때문일 것이다. 마음의 평정도 호흡할 수 있어야만 한다. 평정이 숨을 내쉬는 동안은 내가 이용할 수 있는 타임아웃이 된다. 그러나 깊숙이 숨을 들이마신다는 것은 내겐 더 이상 잃을 것이 없기 때문에 내가 생각하는 것을 이전보다 더 의젓하고 더 솔직하게 말할 수 있다는 것을 의미한다. 이것이 나이들어 부드러워진 솔직함일 수는 있지만, 어떤 공격적인 솔직함이 아닌 것은 분명하다. 그렇지 않아도 테스토스테론*은 줄어들어 왔으니 말이다. 모든 것은 이제 자유 선택이다. 어떤 것도 더

• 포유동물, 파충류, 조류, 척추동물 등에서 발견되는 안드로젠계의 호르몬 중 하나로, 여성보다는 남성에게서 훨씬 많이 분비되어 흔히 '남성 호르몬'이라 일컫는다.

이상 필수가 아니다. 그 누구에게도 여전히 무언가를 증명해 보일 필요는 없다. 자신뿐 아니라 다른 사람에게도 말이다. 그리고 상황은 다르다 할지라도 그렇게 하기에는 어쨌든 너무도 늦었다고 봐야 할 것이다.

우리에게는 어리석음을 이겨낼 힘이 부족하다. 하지만 거의 애쓰지 않았는데도 나이 덕분에 순전히 저절로 생긴 약간의 지혜가 있을 수 있다. 이런 시기에 자신이 활용 가능한 것을 가지고 삶을 살아낼 줄 아는 이는 현명하다. 그런 사람은 불편한 상황에서도 무엇인가를 얻어낼 수 있다. "나는 그것에서 무엇인가를 배울 수 있다." 그는 살아오면서 이미 많이 배웠고 충분히 알게 됐다. 심지어 모든 지식의 상대성 또한 알고 있다. 그렇기 때문에 그는 풍부한 직감을 통해서 현재의 상황을 평가하고 미래의 전개를 예측할 수 있다. 또한 그는 인간적인 가능성과 불가능성을 알고 있으며, 삶의 연관성과 반복에서 오는 규칙성의 일면을 이해한다. 그가 젊었던 시절에는 흥분 때문에 불가능했던 '내 삶과 자아의 거리 두기'를 이런 이해와 깨달음이 가능하게 해준다. 타인이 내 삶을 들여다보는 것처럼 침착한 관찰을 가능하게 해주는 것이다. 유쾌한 마음의 평정은 슬픔도 배제하지 않는다. 삶과 나이듦에 대한 동의는 이러한 것들까지 감싸안는 것이다.

잠자리에 드는 매 저녁마다 나는 오늘 하루에 대해 깊은 감사를 느낀다. 그리고 이 하루가 지나가고 만 것에 대해 끝없이 깊은 슬픔을 느낀다. 이 밤으로 향하는 입구는 나로 하여금 점점 더 자주 삶의 한계를 상기시켜준다. 온 생애가 밤으로 기울고 있는 하루로 수축된다. 이 밤은 필경 새로운 아침에 이르기 전의 밤에 지나지 않지만 그런 사실이 나를 위로해주지는 않는다. 삶이라는 큰 하루의 종말을 내다보면서 나는 자문해본다. 삶이라는 과업을 완수할 수 있으리라는 밝은 환희가 삶과 작별하지 않으면 안 된다는 어두운 비애에 맞서 대적하는 데 달려 있다면, 내가 어떻게 마지막 균형에 이를 수 있겠는가라고 말이다.

09

준비
\
죽음과 함께 사는 마음

우리가 나이들면서 얻을 수 있는 것은 마음의 평정이다. 마음의 평정으로 가는 아홉 번째 단계는 점점 더 가까이 다가오는 생명의 한계에 대한 태도를 생각하는 일이다. 우리는 점점 더 자주 다른 사람의 죽음을 보게 된다. 그때마다 죽음은 가까이 다가오며, 가끔은 필요 이상 가까이 다가오기도 한다. 그러면서 우리는 갑자기 그 또는 그녀의 삶이 끝났다는 생각에 사로잡힌다. 나의 부모가 더 이상 살아 있지 않다면, 나 자신이 삶의 최전선에 서 있는 것이다. 그들이 있는 그곳과 내가 있는 이곳 사이에는 아무런 완충장치가 없다.

　내 어머니에게서 인상 깊었던 것은 나이가 들어서뿐만이 아니라 죽음을 앞두고 준비까지 마친 채 "나는 내가 어디로 가는지 알고 있다"는 말만 했던 그날, 그 순간 보여준 마음의 평정이다. 어머니는 수년 전 먼저 세상을 떠난 내 아버지이자 자신이 사랑했던 남편을 다시 만나게 되리라는 사실에 의문의 여지 없는 확신을 갖고 있었다. 항상 "우리는 할 수 있는 한, 죽음을 최대한 뒤로 미뤄놓은 것이다"라고 선언했던 아버지가 임종 때 침대 곁에 있던 자식들에게 다시 한 번 말씀하셨다. "사람이 어떻게 죽는지를 내가 지금 너희들에게 보여주겠다." 그는 여든넷에, 어머니는 여든여덟에 세상을 떠났고 그들과 같은 세상에 있을 나의 조부모는 분명히 더 나이를 먹게 되었다. 이것이 내가 가게 될 목적지를 향해 정해진 경로인가?

　삶뿐만 아니라 죽음도 해석의 문제이다. 실제 죽음이 무엇인지는 그 누구도 모른다. 이것이 죽음을 불안하게 느끼는 요인일 것이다. 그렇지만 죽음에 대한 해석은 위안을 줄 수 있다. 죽음은 삶에 의미를 부여하는 사건으로 해석될 수 있기 때문이다. 즉, 죽음은 삶을 가치 있는 것으로 만드는 경계선을 그어준다. 한정적으로만 쓸 수 있는 것은 귀중하다. 그렇기 때문에 보석이 조약돌보다 더 많은 가치를 인정받는 것이다. 활용 가능한 시간 안에 아름다운 순간들이 농축되는 보석 같은 삶을 위한 노력은 시간의 한계성에서 나온다. 한계성에 대한 부족한 의식은 조약돌 같은 삶을 초래할 수 있다. 생기 없는 순간들이 끝없이 그저 꼬리 물고 있는 그런 삶 말이다. 시간적 한계를 인식할 수 있다는 사실은 삶으로부터 긍정할 만한 가치가 담긴 무언가를 되도록 많이 만들어낼 수 있도록 동기부여를 해준다. 만일 이 한계를 영원 쪽으로 미루는 것이 가능하다면 많은 사람들은 아마도 영원히 '삶'을 기다리게 될 것이다. 모든 것이 영원히 미루어질 수 있다고 한다면 가능성을 가능으로 만들기 위한 작업의 고통을, 아니 아침마다 잠자리에서 일어나는 수고를, 대체 무엇 때문에 감수해야 한단 말인가?

그러나 죽음이 소멸될 수도 있을까? 2009년 노벨 생

141
준비

리·의학상은 생명체의 세포 안에 들어 있는 말단소립자telomere(그리스어로 telos는 '끝'을, meros는 '부분'을 뜻함)의 기능을 발견한 연구자들에게 돌아갔다. 이 말단소립자는 DNA 나선 끝에 세포의 재생산을 안전하게 해주는 일종의 보호 덮개를 형성한다. 그러다 나이가 들면 이 소립자들이 소모되어 마침내 세포의 재생산이 중단된다. 그러니까 노화와 죽음을 통제하는 것이 말단소립자라는 것이다. 그런데 소위 '젊음의 샘 효소'라고 불리는 텔로메라제telomerase가 이 소립자들을 회복시킬 수 있다. 그런 일은 줄기세포에서 자연스럽게 일어나는데, 그 결과 줄기세포는 실제로 죽지 않게 된다. 텔로메라제 효소 제재의 약품들은 이 과정을 인공적으로도 만들 수 있다. 동물실험이 충분히 이루어지고 나면 머지않아 인체 의학적 실험들도 이루어질 것이다. 실질적인 회춘 요법은 언제나 우리네 인생의 꿈 아니었던가? 그런데 이것에 어떤 문제가 있을까? 예컨대 의도하지 않았음에도 불구하고 암이 유발될 수 있다는 것이다. 왜냐하면 텔로메라제 효소는 암세포의 무한한 재생에도 작용하기 때문이다.

죽음은 집요하게 살아남으려 할 수도 있다. 알려지지 않은 죽음에 관한 진실 중 하나는 만약 죽음이 생명의 진화 과정에서 오래전부터 의미 있는 것으로 증명되지 않았더라면 아마 죽음이란 존재하지 않았을 수도 있다는 점이다. 모든 개체는 소멸하지 않을 수 없다. 소멸해야만 전체로서의 생명은 계속 이어질 수 있다. 인간이 죽음을 삶에서 가장 무의미한 일로 여긴다 할지라도, 이 사실은 나뿐만 아니라 모든 인간과 모든 존재에 적용된다. 죽음은 개별자들의 삶을 중단시킨다. 그렇게 해서 새로운 생명을 위한 터전을 마련한다. 이 새로운 생명의 유전자들이 새롭게 혼합되면, 새로운 힘으로 새로운 가능성들을 실현한다. 그리고 오랜 문제들에 새로운 방식으로 대응하거나 혹은 대응에 실패하기도 한다. 진화의 관점에서 볼 때, 이러한 모델은 짚신벌레의 무한한 동일 반복적 재생산보다 명백히 더 효과적이다.

죽음을 곁에 두고 있는 한, 우리 개개인은 어쨌든 마지막 결정을 내려야만 한다. 죽음도 벌써 오래전부터 현대화되었기 때문이다. 현대 이전처럼 죽음이 자연스럽게 다가오도록 그냥 놔둘 수 있다면 나는 그렇게 하기로 결정할 것이다. 나 자신이 더 이상 답변할 수 없는 복잡한 문제가 대두된다면, 나는 내 가장 가까운 가족들에게 내 편에서 결정해줄 것을 미리 청해두려고 한다. 그들은 나를 알고 있으며, 주저할 일이 있을 때 내가 어떤 것을 더 좋게 생각할지도 알고 있기 때문이다. 다른 사람들은 더 자세한 지침을 남기기도 한다. 물론 아주 작은 일까지 가능한 모든 경우를 미리 고려할 수 없는 상황임에도 말이다.

서구 문화에서 오랫동안 금기로 여겨온 능동적인 자살 또한 가능하다. 그러나 이 거슬리는 행위를 인정받는 것은 앞으로도 계속 어려울 것으로 입증되었다. 자살과 같은 형태의 죽음은 수동적인 안락사로 발생할 수 있다. 스스로 목숨을 끊는 데에 가치를 두거나, 자신에게 적절한 보조 수단을 제공해주는 타인의 도움이 있다면 가능한 일이다. 독자적이며 능동적인 자살에 대한 모든 책임은 자신에게 있다. 그러나 그런 자살을 염두에 둔 사람이라도 다음과 같은 두 가지 사항은 고려해보는 것이 좋을 듯하다. 먼저 나 자신에 대해 생각해보는 일이다. 스스로에게 그런 폭력을 가하는 일이 과연 온당한가와 같은 반문이 나의 깊은 내면에서 일 수도 있다. 또 하나는 다른 사람들에 대해 생각해보는 일이다. 이런 극단적인 방법이 남겨질 이들에게 무엇을 의미할지 역시 충분히 심사숙고되어야 하기 때문이다. 이런 식의 나의 죽음이 다른 사람들에게 정신적으로나 물질적으로 곤란함을 줄 수도 있지 않을까? 그게 아니라면 그들에게 어려움을 남기고, 내 자살에 끝없는 해석이 필요하게 만들려는 의도인가? 무엇보다도 이런 죽음은 남겨진 사람들에게 끝 모르는 불안을 야기한다. '그의 자살이 나 때문이었을까?' '내가 무슨 잘못을 저질렀을까?' '내가 무엇을 간과했을까?' '내가 무엇을 할 수 있었을까?'

다른 하나의 가능성은 자기 결정에 따른 것이기는 하지만 능동적인 실행 없이, 예컨대 식음을 전폐함으로써 초래되는 수동적인 자살이다. 수동적이라 함은 이 자살이 능동적인 안락사를 필요로 할 때 행해지기 때문이다.

이 능동적 안락사에는 몇 가지 문제들이 따른다. 이 안락사에 도움을 요구받은 타인은 삶과 죽음에 대한 책임을 거부할 기회도 없이 떠안게 된다. 주의의 근거들(도와주는 사람의 편에서)과 참작의 근거들(안락사 당사자의 편에서)에는 법적인 규정이 필요하다. 그렇지 않으면 그 죽음이 당사자의 요청에 근거를 두고 있는지 혹은 다른 사람의 상속 욕심과 같은 전혀 다른 욕망에 근거를 두고 있는지 의구심이 생겨날 수 있기 때문이다. 이러한 점에서 오래전부터 네덜란드에서 실행되고 있는 안락사에 대한 규정은 의미가 커 보인다. 죽음에의 소망은 충분히 심사숙고되어야만 하고, 순간적인 감정의 격동을 배제하기 위하여 반복해서 확인되어야 한다는 것, 불치의 병은 복수의 의사들이 각자 독자적으로 진단해야만 하고, 능동적인 안락사는 전적으로 한 명의 의사에 의해서 수행될 수 있다는 것이 규정으로 되어 있기 때문이다.

특히 죽음의 현대적 가능성들 때문에 제때 죽음을 생각해보는 것이 유익하다. 다른 이유에서지만 죽음에 대한 생각은 벌써 기원전 6세기인 피타고라스Pythagoras

때부터 철학적 훈련의 하나로 논의되었다. 이는 머릿속에 그려진 삶의 최후 지점에서 반복하여 삶을 회고해보고, 평가도 하며, 경우에 따라서는 삶을 새롭게 이끌어가기 위해서였다. 나 역시도 내 삶의 마지막 날을, 마지막 시간을 자주 생각해본다. 특히 잠이 들 때, 또는 가끔 짧은 잠을 잘 때 그렇다. 마지막 순간이 올 것은 확실하다. 그 마지막 순간이 어떻게 보일지가 불확실할 뿐이다. 내 삶을 마감하는 일이 어디서 어떻게 일어날지 정확히 아는 것은 불가능하다. 설령 계획되어 있다고 하더라도 말이다. 그러나 내가 상상해볼 수는 있다. 무엇 때문에? 죽음에 대한 공포를 떨쳐버리기 위해서? 사실 나역시 이런 상상을 지금까지도 해보지 않았다. 죽음은 나에게 엄청난 것처럼 보이기 때문이다. 그렇다면 무엇 때문에? 뭔가 기이하고 낯선 것이 존재한다는 사실에 익숙해지기 위해, 죽음을 면전에 둔 삶 가운데서 나에게 중요한 것이 무엇인지 명확한 답을 더 얻기 위해 이제와서라도 죽음을 미리 생각해보려 한다.

　나는 죽음을 시간의 종말 혹은 세계의 끝이라고 생각

죽음은 삶을 가치 있는 것으로 만드는
경계선을 그어준다.

해본다. 나의 마지막 날이 밝아오고, 그날은 내가 사랑하는 평범한 어느 하루라고 치자. 다만 이날 나는 일을 하지 않아도 된다. 아침이면 언제나처럼 여전히 침대에 누워 짧은 명상의 시간을 갖는다. 눈에 보이지 않는 상대를 두고 내 나름의 종교적인 명상을 한다. 호사스러운 샤워를 마치고, 내가 직접 여러 가지를 섞어서 만든 최고급 시리얼로 아침 식사를 한 뒤, 습관처럼 일간신문을 샅샅이 읽는다. 그런 다음 내가 애용하는 카페 중 한 곳을 찾아간다. 오늘은 30~40종의 커피를 선택할 수 있는 내가 좋아하는 카페를 고른다. 나는 100세 주민들의 계곡에서 수확된 부드러운 향과 맛이 특징인 에콰도르 빌카밤바를 고른다.* 나 자신이 이들과 비슷하게 대단한

---

* 빌카밤바Vilcabamba는 에콰도르 남부에 있는 계곡 마을이다. 잉카문명의 요충지이기도 한 이 계곡 마을에서는 100세 넘는 주민을 찾는 게 어렵지 않고, 120세 또는 130세의 주민도 볼 수 있다고 한다. 이곳은 세계에서 주민 평균 수명이 가장 높은 곳으로 알려져 있다. 이 '장수 계곡' 사람들의 장수 비결이 분명하게 밝혀지지는 않았다. 하지만 영국의 생화학자 싱Richard L. M. Synge에 의하면 이 지역의 토양이 항산화 작용을 돕는 가장 강력한 성분을 함유하고 있어, 여기서 거둔 농작물들이 장수에 기여하는 것으로 추측된다.

나이에 이른 것이 또 하나의 큰 기쁨이다. 빌카밤바 커피와 함께 평소라면 용납하지 않았을, 설탕처럼 다디단 버찌를 넣은 과자를 다 먹어치운다. 이 생에서 내가 속해 있었던 종족의 가장 가까운 근친들을 마지막으로 방문할 시간이 아직 남아 있다. 나는 원숭이들이 있는 동물원을 향해 간다. 그리고 그곳에서 우리가 이 녀석들과 얼마나 닮았는지, 태초의 그 작은 차이가 얼마나 뚜렷한 차이로 커졌는지 다시 한번 경탄한다. 예컨대 인간을 세상 안으로 몰아넣었던 다른 것에 대한 끊임없는 동경, 또한 삶의 새로운 가능성들을 묻고자 하는 변함없는 각오가 그런 차이를 만들어냈다.

나는 이 모든 것을 홀로 행한다. 그러고 나면 이제 나의 가족 차례이다. 나는 나이든 내 두 아들과 나의 형제 자매들 그리고 가장 사랑하는 친구들에게 전화로 작별 인사를 한다. 그 통화에서 마지막에 대해 확실하게 말하지 않는 것이 좋다. 서로가 마지막으로 이야기한다는 것, 그리고 그런 사실을 안다는 것은 그만큼 끔찍한 일이다. 나는 이미 한 번 이상 그런 것을 체험했다. 나는 내 막냇

동생과 함께 우리가 항상 '집 밥'이라고 불렀던 남자들만의 식사를 한다. 나의 고향 바이에른에서부터 알고 있었던 실속 있는 음식, 그렇지만 자크 브렐Jacques Brel이 1964년에 노래했던 〈최후의 만찬Le dernier repas〉보다는 훨씬 검소한 음식이다. 곧 있게 될 작별이 우리의 입맛을 가시게 하지 않기를 바라면서도 철학자 가족에게나 어울릴 법한 정도로 죽음에 관해 한번 더 이야기를 나눈다. 나는 내 딸과 함께 그 아이가 좋아하는 오스카 와일드Oscar Wilde의《윈더미어 부인의 부채Lady Windermere's Fan》를 영어 원서 그대로 다시 한 번 읽는다.

와일드처럼 나 역시 내가 저지르지 않은 죄악들만 뉘우치고 있다. 어쩌면 나는 얼마 안 되는 모험을 너무나 적게 시도했는지도 모른다. 하지만 그 대신 아내와 함께한 세월동안 내 생의 많은 아름다운 일들을 시도할 수 있었다. 그리고 마지막 시간에도 그렇게 되어야 할 것이다. 마지막 저녁은 우리 것이다. 우리는 함께 잠든다. 그리고 내가 때맞추어 의미 있는 마지막 말을 할 것을, 적어도 그것을 떠올리는 걸 잊지 않기를 바란다. 참으로 아름다운 삶이었다는 것을, 또는 살면서 내 입술로 자주 되뇌었던 "주님, 당신이 저에게 그렇게나 많은 아름다운 것을 선사해주셨음에 감사합니다!"라는 말을.

내가 누구에게 "주님"이라고 하는 건지 나는 모른다. 내게는 언제나 그저 나보다 훨씬 위대한 그 무엇, 내게 생명을 주었고 이 삶 전체를 관통하여 나를 이끌어주었던 그 무엇이라고 여겨질 뿐이었다. 우주의 힘을 이야기하고 있는가? 설령 그렇다 하더라도 그 힘이 자신이 무엇을 행하고 있는지 스스로 알 것이라 생각하지는 않는다. 나는 광활한 바다가 나를 쓸어내 내 삶 저 너머 광활한 그 어딘가로 나를 데려가지 않을까 하는 생각뿐이다. 살면서 종종 그런 생각을 하게 만드는 일이 있었던 것처럼, 계속해서 그럴 것이라는 생각뿐이다. 하나의 공간이 닫히면, 그 순간 새로운 하나의 공간이 열릴 것이라는 생각뿐이다.

10

그 후

죽음 후에 가능한 삶에 대하여

이제야 비로소 형이상학적 차원의 의미를 생각할 수 있게 된다. 많은 사람들이 생각하는 것처럼 형이상학적 차원이 현실 너머의 현실, 즉 '자연의 피안彼岸(ta meta ta physica)*'일 필요는 없다. '차안此岸'으로서의 우주적 자연도 모든 유한함을 뛰어넘어 초월한다. 이 초월은 말

● '자연의 피안'에 상응하는 그리스어 ta meta ta physica는 본래 아리스토텔레스의 저술을 편찬했던 고대학자가 제목이 없는 아리스토텔레스의 일부 저서를 지칭하기 위해 도입한 말이다. 문자 그대로 '자연을 논하는 일련의 글 뒤에 있는 것'이란 의미로 문서 분류 표찰에 불과하던 이 용어가 차츰 '물리적 세계를 초월

그대로의 '초월'이다. 자신이 어떤 무한성 안에 보호되고 있다는 것을 느끼고 아는 것이 마음의 평정이다. 이 무한성이 어떤 이름을 가지고 있는가는 중요하지 않다. 보다 중요한 것은 종말이 점점 더 가까워지고 있는 이 시점에서 유한성과 화해할 수 있는 것, 어린아이가 자신이 태어난 세계의 한 부분이라는 것을 그냥 믿는 것처럼, 자기가 보다 큰 전체에 속해 있다는 사실을 매우 순진하다 여겨질 만큼 믿는 것이다. 이러한 정신적 자세가 지금 떠오른다. 어차피 다른 자세를 선택할 여지가 없다.

죽음은 세속적으로 또는 종교적으로 이해되는 초월을 경험하기 위해 들어가는 관문이다. 무엇이 진리인가는 의미가 없다. 이것은 마지막 확신을 가지고도 얻을 수 없는 어려운 지식이 아니다. 자신이 훤히 이해하는 명확성을 토대로 삼든, 자신이 아름답다 여기는 미적 감각을 토대로 삼든, 결국 각자가 스스로 내린 해석이 중

하는 자연' '자연의 피안에 자리하는 것'이란 의미로 바뀌게 되었고, 더 나아가 개별 사물과는 다른, 사물 그 자체의 존재 의미를 인식하는 데 전념하는 철학의 한 분과를 가리키는 형이상학metaphysica으로 이해되었다.

요하다. 그리고 난 다음에야 초월을 인정하는 것이 각자의 삶에 진리가 될 수 있다. 이것이 마음의 평정으로 향하는 열 번째 단계이다. 즉 유한한 삶 저 너머로 열려 있는 무한의 차원을 향해서 삶을 활짝 여는 일, 적어도 그런 차원을 상상해보는 일이다. 극도로 허약해진 바로 그 순간에 사람은 살아온 삶 너머의 충만을 통해서 무의미가 접근하는 것을 막아주는 어떤 의미 안에 포근하게 안긴 것 같은 느낌을 가질 수 있는 것이다. 굳이 무의미에서 궁극적인 진리를 찾지 않으려 한다면 말이다.

이때 문제가 되는 의의, 연관은 추측컨대 가장 포괄적이다. 왜냐하면 이 의미나 연관은 유한한 것을 무한성에 결합시키고 있기 때문이다. 우리는 전 생애를 통해서 그런 결합이 가능하다는 것을 예감한다. 무아경의 경험이나 '몰두'를 통해서, 예컨대 강렬한 감각적 욕구나 감정의 강렬한 동요 가운데, 사유의 제국 안으로 떠나는 호사스러운 짧은 여행에서, 심오한 대화나 독서에서, 놀이 또는 어떤 활동에의 탐닉 등에서 유한함과 무한성의 결합을 느끼는 것이다. 이런 경험은 언제나 자기 망각, 무

시간성, 만물과의 결합, 집중성 같은 것이 전형을 이룬다. 우리는 이러한 경험들을 때때로 신적神的인 경험이라고 부른다. 이러한 경험들은 매우 강렬해서 오랫동안 기억에 남아 있게 된다. 이때 경험하는 에너지의 집중력은 에너지가 자아와 그 시간을 넘어 멀리까지 뻗어 있는 삶의 본질 혹은 고유한 특성일 수 있겠다는 추측에 힘을 실어준다.

감각적인 것, 영적인 것, 정신적인 것 안에 포함된 갖가지 수많은 의미들은 그것이 주는 인상과 연결된다. 삶의 끝에 이르면 살아 있는 육체와 죽은 육체를 구분해주는 것은 에너지라는 사실이 명백해진다. 죽은 육체에서는 에너지가 빠져나가기 때문이다. 이때 문제가 되는 것은 비밀로 가득해 파악할 수 없는 에너지뿐만이 아니다. 잘 알려져 있고 측정 가능한 에너지도 문제가 되는데, 열에너지나 전기에너지, 운동에너지가 그것들이다. 적어도 물리적 에너지에 있어서는 1847년 헤르만 폰 헬름홀츠Hermann von Helmholtz가 정리한 뒤 한 번도 반론이 제기된 적 없는 에너지보존법칙이 유효하다. 에너지는 다른 형태의 에너지로 변환될 수는 있지만 소멸되지는 않는다. 명확하게 말하면 에너지는 죽지 않는다. 에너지를 대변하는 다른 단어는 영혼일 수도 있다. 현대 문명을 제외한 모든 문명에서는 영혼은 불멸한다는 사실이 늘 인정되어왔다. 하지만 모든 존재를 처음부터 가득 채우고 생기를 얻게 해준 이 본질적인 것이 그 존재의 끝에 이르면 사라져버린다는 사실이 죽음과 함께 명백해진다. 그렇다면 어디로 사라지는 것인가? '떠나가는' 사람과 함께하는 것은 무엇일까?

떠나는 이의 생명의 에너지는 확실히 계속해서 '여기에' 있다. 정확한 장소를 지칭할 수는 없으나 에너지의 질량은 없어지지 않는다. 순수하게 육체적인 측면에서만 이루어지는 실질적 죽음은 존재하지 않는 듯하다. 즉 모든 원자와 분자는 이르게 또는 뒤늦게 다른 원자와 분자의 결합체로 옮겨 간다. 그것들 중 어느 것도 없어지지 않는다. 육체는 주어진 형태로 존재하기를 그만둔다. 그러나 그 육체의 모든 구성 분자는 다른 형태로 바뀐다. 영혼의 에너지 역시 사정은 이와 비슷하다. 그리고 에너지는 늙지 않기 때문에 영혼은 늙어가는 육체 안에서 살아있는 동안은 오랫동안 젊게 느껴지는 것이다.

늙는 것은 인간의 외적 형상이지, 가장 내면적인 본질은 아니다. 이는 오스카 와일드가 1890년에 발표한 소설 《도리언 그레이의 초상The Picture of Dorian Gray》에서 그려낸 표상과 비교할 만하다. 즉 그의 외적 형상은 늙지만, 그 자신은 그렇지 않다는 것이다. 실제 삶에서 이 외적 형상은 거울을 통해 볼 수 있는 육체이다. 육체는 줄어드는 힘으로 알아챌 수 있는 것처럼 에너지가 몸에서 빠져나가는 정도만큼 늙는다. 그러나 이런 사실은 육체적 형상에만 해당한다. 반면에 인간의 고유한 본질, 영혼이라고 부를 수 있는 에너지 자체는 늙지 않는다. 그 에너지는 영원한 젊음을 유지한다. 말하자면 영원한 청춘인 셈이다. 그러나 처음에 생각했던 것과는 전혀 다른 방식으로 젊음을 유지한다.

죽음을 넘어서도 그럴까? 한 인간의 에너지가 우주적인 에너지의 바다로 되돌아 흘러들어 가고, 그것으로부터 생명의 새로운 형식들이 에너지로 채워진다고 생각해볼 수 있다. 이렇게 해서 죽은 사람이 다른 사람, 다른 존재, 다른 물체로 소생할 수도 있을 것이다. 환생이 문제시되는가? 어쩌면 그럴지도 모른다. 그러나 다분히 달라진 형상체로일 것이다. 어떤 경우이든 아직까지는 동일한 형상체의 환생은 관찰된 적이 없다. 무성생식의 시기에서조차 그런 환생은 기대할 수 없는 일이다. 최소한 생각해볼 수 있는 것은 에너지의 장에서부터 다른 형상체로 환생한다는 것, 에너지가 다시 살(라틴어로 caro)이 되고, 하나의 육신으로 변화된다는 것이다. 어떤 꿈에서 깨어날 때와 비슷하게, 그 이전의 삶에 대한 기억들이 다른 형상체 안에서도 여전히 인식되면서 과거 다른 때에 '이미 한 번 현존했던 것'을 확신한다면 많은 사람들은 자신에게서 이러한 사실을 정확하게 알아낼 수 있을 것 같다.

그 다음 다시 하나의 자아가 생성되면 대단한 놀라움이 새로 시작된다. 원자들은 놀라지 않는다. 언젠가는 '나'라고 말하게 될 원자들의 결합체만 놀랄 것이다. 나의 자아가 소멸하고 언제일지는 알 수 없지만 한참이 지난 후 동일한 내가 아닌 다른 결합체가 다시금 '나'를 말하게 되는 것에 앞서, 마지막 숨을 쉴 때까지 나 자신이 생명의 현상들과 연관성들에 대해서 놀라워하리라고 생각해본다. 한 인간이 지금까지 가졌던 형상에서 해체되고 난 후 또 다른 한 생명으로 존재할 수 있는가? 즉 죽음 이후의 생명이 실제 존재할 수 있는가? 에너지에 근거한 형태를 통해서 사랑하는 사람들과 (유감스럽지만 다른 모든 사람들과도) 재결합하는 것이 가능한가? 몇몇 그럴듯한 근거들이 가능하다는 답을 뒷받침해줄 수도 있다. 하지만 현대 사람들이 즐겨 생각하고 싶어 하는 것과는 달리, 생명은 끝에 이르러 무無로 곤두박질치는 것이 아니라 무엇인가 다른 것 그리고 더 위대한 것으로 이행한다는 해석은 변하지 않는다. 이런 해석 중 하나로 최근 위대한 미래를 계획하고 있으면서도 이를 위한 그 어떤 미래지향적 기술은 필요로 하지 않는 독특한 트랜스휴머니즘Transhumanismus*이 있다. 인간을 초월하는 것, 인간을 넘어서는 것, 그것은 이전과 마찬가지로 죽음 가운데에서 일어나는 것이다.

그러면 이 모든 것은 무슨 목적 때문일까? 모든 존재의 의미는 무엇인가? 에너지가 존재와 현존재의 본질적인 요소로 이해되고, 그런 에너지의 본질적인 요소를 그 안에 저장되어 있는 가능성들의 충만함에서 볼 수 있다면, 모든 존재의 의미는 각 존재들이 가진 모든 가능성을 별다른 목적 없이 영원에 이르기까지 무한히ad infinitum 되풀이하는 것일 수 있다는 결론이 도출된다. 하나의 과정이 매번 끝에 이르면, 다시 처음부터da capo 다. 따라서 인생의 의미는 인간 존재의 모든 가능성을 시험해보는 데 있을 수 있다. 물론 인간들 각 개인이 수많은 가능성을 시험해보기에는 그들의 생명이 허락한

* 기술의 발달과 그것의 광범위한 활용을 통해 인간의 육체적·정신적 능력을 대폭 강화하려는 목적으로 벌어지고 있는 국제적 문화 운동이자 지성 운동이다. 이 운동에 참여하고 있는 사상가들은 인간의 한계를 초월할 수 있는 최신 기술의 잠재적 혜택과 그 위험성을, 그러한 기술의 개발과 활용 윤리를 연구한다. 1957년 영국의 생물학자 헉슬리Julian Huxley가 한 논문에서 이 용어를 처음 사용한 이래, 영국의 철학자 모어Max More가 1990년 미래 철학의 하나로 이 원리를 강조하기 시작함으로써 운동으로 전개되었다. 용어 자체로부터는 니체의 초인, 위버멘쉬Übermensch를 연상하게 된다.

시간이 부족하기 때문에, 유일한 혹은 몇몇 가능성을 시험하는 데 그치고 만다. 인간의 생명은 심지어 자연이 만들어낸 경탄할 만한 발명품으로 간주될 수 있다. 부조리한 발명품으로도? 어쩌면 그럴 수도 있겠다. 하지만 그런 사실이 이 절묘하게 부조리한 예외적인 현상을 기쁨 속에서 누리려는 유혹, 자신이 가진 가능성들을 더욱 폭넓게 탐색하고 그것에 현실성을 부여하려는 유혹만 고조시킬 뿐이다.

각 개인의 인간적인 삶의 의미가 각자에게는 보잘것없이 사소한 일처럼 여겨진다 할지라도, 생명의 가능성들이 완전히 전개되도록 하는 것에는 기여할 수 있다. 따라서 나는 생명을 풍요롭게 만드는 여러 가능성들 중 하나다. 그것이 처음부터 마지막에 이르기까지 내 삶의 의의이다. 모두에게도 마찬가지이다. 각 개인의 모든 경험은 전체의 관점에서 의미를 가진다. 총체적인 진화는 수많은 개별 생명체 안에 들어 있는 가능성들의 빠른 순환으로부터 도움을 받는다. 작은 것을 통해 시험을 마친 것이 큰 규모의 과정으로 응용될 수 있다. 이것은 많은

죽음이 또 다른 하나의 생명으로
이행되는 것이라고 생각하면,
죽음은 여전히 아름답고 긍정할 만한
가치가 있는 것이라고 여길 수 있다.

사람들을 통해 많은 여행지를 탐색하는 것과 비슷하다. 즉 각자가 하나의 여행지 또는 몇 개의 여행지를 탐색한 뒤 마지막에는 모두 모여 어디가 가볼 만하고 어디가 그렇지 않은지 알 때까지 돌아가며 말하는 방식과 비교할 수 있다는 말이다.

죽음이 또 다른 하나의 생명으로 이행되는 것이라고 생각하면, 죽음은 여전히 아름답고 긍정할 만한 가치가 있는 것이라고 여길 수 있다. 어쩌면 죽음은 깨어 있는 상태에서 잠으로의 이행과 결코 다르지 않을 수도 있다. 이렇게 다른 상태에 자신을 맡긴다는 것이 살아 있는 한 항상 쉬운 일은 아니다. 엄청난 피로가 누군가를 사로잡을 때 비로소 모든 것이 마치 자연스러운 일처럼 일어난다. 이제 모든 생명이 죽음으로써 끝나는 것이 아니라는 사실, 존재의 잠을 통해서 또 다른 생명을 위해 원기를 회복하게 될 것이라는 사실, 이 형상을 지닌 채 살아온 생명만이 죽음과 함께 종말을 맞을 뿐이라는 사실을 확신할 수 있을지 모르겠다. 그리고 잠이 치유의 효과를 낼 수 있는 것처럼, 그렇게 존재의 잠은 삶이 다른 방식으로 새롭게 시작하기 전에 삶 속에서 입은 상처들을 치유해줄 수도 있을 것이다. 지나간 삶 가운데서 미처 마무리 짓지 못한 것을 이제 다가올 다른 생명에게 맡길 수도 있을 것이다. 그렇게 해서 이미 이쪽 세상에서부터 마음의 평정을 유지한 채 환하게 트인 저쪽 세계로 기꺼이 들어가 살 수 있을 것이다. '또 다른 새로운 삶'의 가능성에 희망을 걸 수 있다는 것은 소위 모든 것을 '유일한 삶'에서 찾아야 한다는 삶의 스트레스로부터 나이들어가는 우리를 자유롭게 해준다. 그런데도 사정이 여전히 다르다면? 그러면 이 하나의 삶이 적어도 아름다운 삶이었다.

나이든다는 것과 늙어간다는 것
마음의 평정에 이르는 10가지 길

펴낸날 초판 1쇄 2014년 12월 20일
　　　　　초판 6쇄 2024년 3월 7일

지은이 빌헬름 슈미트
옮긴이 장영태

펴낸이 김준성
펴낸곳 책세상
등록 1975년 5월 21일 제2017-000226호
주소 서울시 마포구 동교로23길 27, 3층 (03992)
전화 02-704-1251
팩스 02-719-1258
이메일 editor@chaeksesang.com
광고·제휴 문의 chaeksesang@naver.com
홈페이지 chaeksesang.com
페이스북 /chaeksesang　**트위터** @chaeksesang
인스타그램 @chaeksesang　**네이버포스트** bkworldpub

ISBN 978-89-7013-899-2　03160